金銀紙的秘辛

過年過節時，家中總會燒香拜佛
為求心靈平靜，也會到各大廟宇拜拜
然而你知道各種金銀紙的意義嗎？

楊評凱　著

序

　　金銀紙，在漢民族宗教信仰中相當重要且具有特色，它在臺灣的民間信仰及民俗文化中佔有舉足輕重的地位。追溯它的源流為中國的紙馬文化，隨著早期先民的原鄉信仰渡海來臺，歷經百年來的演變，使每種節日慶典、神祇都各自有適合使用的種類。本研究從探討金銀紙上圖像與裝飾的祈福、求平安及超渡等意涵開始，進而從人間貨幣改革制度探討其貨幣性，緊接著從現實界的金錢遊戲和「信」字探討金銀紙的倫理道德功能，並運用美感的角度探討金銀紙使用時及所蘊涵的審美性；然後透過氣化觀型文化（中國）的五個次系統探討其文化性，並深入探討創造觀型文化（西方）和緣起觀型文化（印度）各自所屬的基督教及佛教信仰中並無金銀紙使用的緣由等祕辛；最後探討西方的宗教教育的實施現況，類比將本研究的成果運用於語文教育上，並為臺灣的宗教教育催生和開啟宗教文化研究的新視野。

　　在撰寫本文的過程，要感謝許多人的協助與幫忙，才能順利的完成。首先，感謝臺東忠合宮、臺東的金香舖業者、屏東慈航道院以及我的舅舅接受訪問，更要感謝村裡三坪祖師廟主祀的三坪祖師冥冥之中的協助，使訪問過程更順利。也要感謝所有語教所的同學（文正、瑞昌、宏傑、尚祐、依錚、雅音、詩惠、裴翎、晏綾）、大學的同學（偉雄、文榛等）和學長姐（阿亮學長、欣蓓學姊、文綺學姊、瑪莎學姊、長驊學長、書頤學長、維源學長、宜萍學姊等）以及學弟妹（俊紘、羿君、宗翰等）、仁愛社夥伴（周嶧、璟義、琬琳、佳琪、怡萱、家媛、志維、經友、婉晶、穎星等）、華語系王萬象教授、許文獻教授、成大水利工程系博士候選人的堂哥──佶欽，以及實習學校塔樓國小的同事（林明泉校長、汪憲治主任、王錦蓉主任、陳如明老師、方淑卿老師、黃秀惠幹事、劉玲娟校護等），在我撰寫過程中不斷的

給予鼓勵以及砥礪，在他們的鞭策激勵下才能使我儘快的完成論文。以及感謝英美系的莉禎在英文摘要上的幫助。並感謝兩位口考委員：華語系簡齊儒教授以及新生國中蔡佩玲博士，口考時給予本研究內容許多寶貴的建議。最重要的就是要感謝我的指導老師——周慶華教授，在本研究撰寫的期間，不厭其煩的和我討論每一章節的內容方向，以及不斷的針對內容給予修改，在周老師不斷的鞭策砥礪下，本研究才得以順利完成。一併感謝我楊氏大家族優良的讀書風氣，讓我更加篤定的要完成碩士學位。

最後，也是我最感謝的是我的家人。感謝我最摯愛的父母，他們一路的支持、陪伴與鼓勵，讓我在求學過程中能無後顧之憂的完成碩士學位；感謝我最愛的姊姊與哥哥，你們在背後默默的關心與鼓勵。因為有你們作為我堅強的後盾，讓我在求學的過程遇到困難或挫折時，能不斷的鼓起勇氣去面對它、克服它，你們是我人生中奮鬥的動力，也是我的摯愛。

楊評凱　謹誌

2011 年 6 月

目　次

圖表目次

第一章　緒論

第一節　研究動機

　　金銀紙的信仰，是中國傳統文化的一大特色；尤其是顯明在道教中。道教乃是體現中國傳統文化的一大支，為中國本土的傳統宗教。「道教是中國社會歷史發展和道家自身演變的產物，是黃老思潮結合神仙思想、陰陽數術、鬼神觀念，並吸取宗天神學、讖緯神學等而由『道』統率的、龐雜的思想體系。」（張澤洪，2003：5）按照一般宗教學的說法，宗教活動是宗教的四大要素之一，它的核心是祭祀。（崔默〔W. C. Tremel〕，2000；呂大吉主編，1993）而道教的祭祀無論是敬天、謝神、祭祖，都會準備金銀紙作為敬獻祭拜對象的供品之一。

　　焚燒金銀紙是一切民間信仰裡的尾聲，不論是廟裏的慶典或者家裡的祭祀活動在結束之前都會進行這種儀式。焚燒金銀紙，在閩南語叫做「燒金」，也就是在廟裡慶典時，把整堆的火柴放在廟前廣場燒，後改為竹子燒，竹節就會爆裂開，發出「碰、碰」的聲音，響徹整個山頭，同時火一旺，就把整個天空染成紅色，老百姓抬頭一看就知道廟裡要慶典熱鬧了，會相約一起到廟裡去「燒金」。但「燒金」要怎麼燒？原來廟裡熱鬧，爆竹在響（竹子爆開碰的聲音，乃今日鞭炮的由來），大家聽到爆竹在響了，就一起趕到廟裡去「燒金」，並各自挑一擔柴往山上去，放置在廟前的廣場燒，然後把各自帶來的金子往火柴裡燒；俟廟會結束後，柴燒成木炭，就舉行「過金火」儀式。過金火就是過金子的火，也就是今日過火儀式的由來，過金火就是要祈求「平安」。（李丁文，2006：100～101）由此可知，古代所謂的「燒金」，

1

就是現代的燒金紙。然而，現代閩南語的「燒金」所涵蓋的範圍擴及到燒金紙、銀紙及紙錢，會有此情況的產生，是因為語言演變的自然現象。語言乃約定俗成的，因此用「燒金」來泛指焚燒金銀紙錢並無不妥。

「燒金」風氣極盛，主要是受早期先民的影響。根據《安平縣雜記》上的記載：「正月元旦……開門焚香點燭燈燒紙；初4日……備牲禮燒紙放爆竹以祀神……初3晚，先焚黃紙，印幡幢與馬儀從，一張於庭，名曰雲馬總馬……初9日玉皇上帝誕……紙糊玉皇帝闕一座俗名天公紙；15日上元佳節，天官大帝誕……儉約之家不用道士，備撰盒燒紙而已2月初3，文昌誕，各社文會及里塾學徒均供撰盒燒紙慶祝……清明日……南北紙錢四處飛颺……5月5日，用楮錢送於路旁，曰：『送蚊』；7月初1起，普渡舉燒紙一款言之，有值十金、八金者，貧家所焚燒紙幣，亦值金數角；10月15日，下元水官誕，人多備撰金、燒紙慶祝；12月24日，買紙印幡幢與馬儀從一張，焚而送之，名曰送神。」（道教月刊編輯部，2008：14）由此可看出早期民間信仰裡對其所祭拜對象的不同，所焚燒金銀紙的種類也有所不同。而這些明文的規定，卻隨著時間以及現代人的忙碌，以及近來對民間信仰文化傳遞的漠視，導致現在廟裡不管是供奉那尊神明以及神明位階的高低，都使用相同的金銀紙，究竟是什麼緣故，這便是我想深入探討的動機之一。

其次，在2006年12月12日《自由時報臺》〈冥錢也鬧偽鈔？！金紙侵權？店鋪不起訴〉報導新北市中和區金勝堂香鋪在兩年前（就是2004年）自同業批「普渡公斤」販售，被吉和貿易公司控告侵犯商標權及著作權。（自由電子報，2006）因金紙的侵犯商標權及著作權的問題，而出現陰界的偽鈔現象，此乃陽界貨幣制度的反射。臺灣在1945年到1949年期間面臨通貨膨脹的實施數次的幣制改革，最為人熟悉的為四萬元舊臺幣換一萬元新臺幣時期。還有陽界各國貨幣通行有一套恆久不變的兌換制度，而陰界在神與魂之間貨幣的交流是否也有一套兌換制度？在陰界乃是陽界的另一投射的想法下，從陽界的

貨幣現象去探討金銀紙的貨幣制度，這也是我想深入探討的另一個動機。

　　再來，金銀紙上的圖案與裝飾隨著種類而有不同的差異，其圖案與裝飾代表著人民對天地、佛神、祖靈的冀求。（楊評凱，2010）講到圖案和裝飾不得不探討其審美性。近年來美感教育是相當熱門的一個議題，而美感教育的概念可以分別從以下三個層面來加以分析：（一）從精神層面看美感教育；（二）從生活環境層面美感教育；（三）從歷史文化層面看美感教育。可見美是人類追求的極高境界。因此，美育應配合此一歷史發展的原理而推動。而由此論述美感教育的概念可以歸納出所謂的「美感教育」，就是使受教者易於獲得美感經驗，而能時常沐浴於美的感受之中的一種教育活動。換句話說，「美感教育」就是使受教者能完成「對美的欣賞力」、「對美的感受力」，然後自己產生「對美的創造力」。（陳木金，1999）近年來環保意識抬頭，許多環保志士和學者以及政府大力鼓吹減少焚燒金銀紙、金銀紙集中焚燒等宣傳下，金銀紙焚燒的量雖有減少，但減少的量不多，每逢節日慶典（如中元普渡、王船祭、繞境、媽祖誕辰等）或者香火鼎盛的廟宇（如新港奉天宮、北港朝天宮、大甲鎮瀾宮、彰化南瑤宮等）都可見金爐的煙囪不斷的冒煙。為何在政府等單位大力提倡之下，金銀紙焚燒的量沒有明顯的減少？以及為何只有在以儒／道教為主的氣化觀型文化下的宗教活動才有焚燒金銀紙的儀式，而以佛教為主的緣起觀型文化和以基督教為主的創造觀型文化就沒有此儀式？因此，有必要再探討金銀紙在氣化觀型文化下所賦予的文化性，這是我想深入探討的第三個動機。此外，在文化教育方面，特別是宗教文化方面，西方的教育制度中有所謂的宗教教育課程，反觀我國教育制度中宗教教育課程是被忽略的，只有少數由宗教團體所創辦的學校有開設零星的宗教課程。希望藉此研究，催生我國的宗教教育，並為臺灣的宗教文化研究開拓新視野，這是我想深入探討的最後一個動機。以上有關金銀紙各個面向並未被整體探討，而可以「金銀紙信仰的秘辛」看待而予以發掘並加以運用。

第二節　研究目的與研究方法

一、研究目的

　　金銀紙對道教文化研究來說很有發展價值，對教師而言也有重大的教育意義。金銀紙與儒家主張的道德倫理觀非常切合，我國近年來大力提倡道德教育，並編列大筆教育經費用於實施道德教育。相較於教育當局編列大筆經費用於實施道德教育上，學術界普遍認為實施道德教育並不需要花到一毛錢，只要從現有的課程架構中加強道德認知方面的內容即可。而金銀紙所擁有的深層內涵，應從其上的裝飾與意涵著手，進一步的深入探討其所含有的倫理道德功能，是本研究的目的之一。

　　構成中國文化的重要元素是儒／道思想，而臺灣文化又深受中國文化的影響。講到「文化」一詞，許倬雲的文章〈臺灣文化發展的軌跡〉指出，「文化」一詞涵義的廣袤與文化系統的整體性與複雜性，可以作為我們思考臺灣文化發展的起點。（黃俊傑等主編，1999：編者引言 ix）此外，他還指出臺灣的文化內涵以常民文化最為淵源流長且根基最厚：

> 綜合的說，臺灣的幾個疊壓的文化層，最底層的原居民諸層，只在現存的幾個原居民族群中可以找到；最深厚而持久的一層是中國常民文化；日本文化層在一批特定的少數人口中有其不可磨滅的影響，對於廣大的臺灣社會基層，卻未必有深入的滲透。中國近代文化層中的「士大夫」成分，在臺灣也不具深入滲透的影響。西方文化層則因為臺灣社會經濟的重大變化，竟與中國近代文化層與日本近代文化層頗有焊接滲透的趨勢。總之，臺灣的中國常民文化層，淵源流長，根深蒂固，其上層的

> 後來文化層，層層疊壓，卻不外是局部的，或是薄薄覆蓋一層
> 而已。這一常民文化層基礎，長期保持厚實。（黃俊傑等主編，
> 1999：編者引言 ix～x）

上文提及「中國常民文化」，就是閩粵居民遷徙來臺，不同族群各有
其原鄉背景，也各有遷移的獨特經驗。（黃俊傑等主編，1999：12）
而臺灣金銀紙的使用，乃是閩粵移民時期原鄉信仰的「文化」：

> 文化是一個歷史性的生活團體──也就是其成員在時間中共
> 同成長發展的團體──表現其創造力的歷程和結果的整體，其
> 中包含了終極信仰、觀念系統、規範系統、表現系統和行動系
> 統。（沈清松，1986b：24）

　　為了讓五個次系統產生更好的詮釋性邏輯概念，周慶華將此五個
次系統之間的關係以及層次性作了圖示：

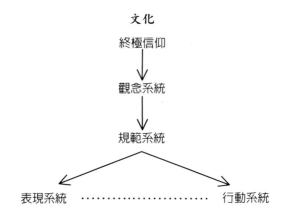

圖 1-2-1　「五個文化次系統」關係圖

資料來源：周慶華，2007a：184

5

　　以文化的角度來探討金銀紙，透視金銀紙究竟有什麼文化性，以及金銀紙的文化性有什麼教育價值，是本研究的目的之二。研究目的之三，是希望藉此研究作為宗教文化教育的參考，藉由與其他文化系統比較論述，擴展學童對自己國家以及世界各國的宗教文化有更深入的了解。並將此研究成果回饋給未來從事宗教文化研究者一個新的研究方向，也希望能將成果回饋給語文教育工作者一個新的教學面向，更希望能讓此研究成果成為開啟我國宗教教育的媒介。

　　本研究採用理論建構的方式來進行，而周慶華對理論建構的規律所下的定義是：

> 理論建構，講究創新。大致上從概念的設定開始，經由命題的建立到命題的演繹及其相關條件的配置等程序而完成一套具體系且有創意的論說。（周慶華，2004：329）

根據上述的論點，將本研究所要建立的理論架構整理出來：就從論文題目《金銀紙信仰的祕辛》來看，所涉及的內容為「圖像與裝飾的意涵、貨幣課題、審美性、文化性」，形成概念一。緊接著會涉及的項目有二：第一，審美類型：優美、崇高美、悲壯美；第二，氣化觀型文化：道德規範、世界觀、終極信仰，形成概念二。

　　依此上面所設定的兩個概念形成以下五個命題：（一）金銀紙上的圖像與裝飾有它的意涵（命題一）；（二）金銀紙有它的貨幣課題（命題二）；（三）金銀紙有它的倫理道德功能（命題三）；（四）金銀紙具有優美、崇高美和悲壯美等審美性（命題四）；（五）金銀紙具有氣化觀型文化性（命題五）。由以上五個命題的建立，希望能進一步運用於語文教育、宗教教育和宗教文化研究上，而演繹出：（一）本研究的價值，可以在語文教育上發揮作用（演繹一）；（二）本研究的價值，可以作為臺灣宗教教育的中介（演繹二）；（三）本研究的價值，可以開啟宗教文化研究的新視野（演繹三）。整合上述的論點，將「概念設定」、「命題建立」、「命題演繹」等形成一理論建構圖：

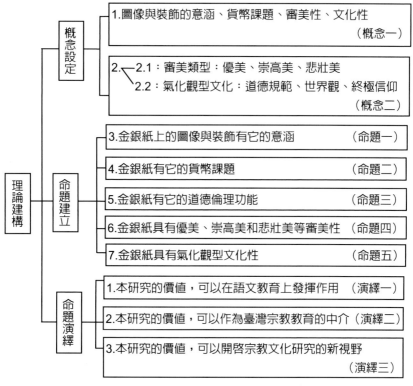

圖 1-2-2 本研究理論建構圖

二、研究方法

　　根據上圖的架構，本研究除了第一章「緒論」說明了研究動機、研究目的、研究方法、研究範圍及其限制。緊接著第二章到第八章所使用的研究方法依序如下：

(一) 現象主義方法

　　本研究的第二章為「文獻探討」，主要探討的金銀紙的歷史淵源、種類、功能與其跨界冀求等三部分，採用「現象主義方法」。所謂「現

象主義方法」，是指探討本身所能經驗的語文現象的方法（周慶華，2004：94），它有別於現象學方法。現象主義的現象觀是指「凡是一切出現者，一切顯示於意識者，無論它的方式如何。」（趙博雅，1990：311；周慶華，2004：95）我將發現到的問題與文獻中所提及的相對照，釐清文獻中不足的地方及我能力所及的地方。

(二) 哲學方法

本研究的第三章為「金銀紙上圖像與裝飾的意涵」，主要探討「金紙的『祈福』意涵」、「銀紙的『求平安』意涵」和「紙錢的『超渡』意涵」等三部分，採用「哲學方法」。所謂「哲學方法」，是指就現象進行後設思考的方法。（陳秉璋，1990；張振東，1993；周慶華，2007b）將各種金紙、銀紙、紙錢上的圖案與裝飾分別與「祈福」、「求平安」和「超渡」等義涵作後設連結。

(三) 質性研究法

本研究的第四章為「金銀紙的貨幣課題」，主要是透過陽界的貨幣制度探討「金銀紙的真偽」、「金銀紙的幣制改革」、「金銀紙的兌換性」和「藉由火化儀式接收金銀紙」等四個議題，採用「質性研究法」。所謂「質性研究法」，是實證研究的模式之一。它相對於量化研究這種「量化」取向的實證研究來說，特別重視參與觀察和深度訪談，以便取得相關的語文資料而形塑出一套理論知識。（周慶華，2004：203）它不是一個可以直接用來操作的方法，它除了強調「質性」性質，在實際運作上則以象徵互動論方法、民族誌方法、現象學方法、詮釋學方法、紮根理論研究法、行動研究法等等為它的「核心」方法內容（胡幼慧主編，2008；潘淑滿，2009），在總提上是「乃指任何不是經由統計程序或其他量化手續而產生研究結果的方法。它可以是對人的生活、人們的故事、行為及組織運作、社會運動或人際關係的研究」（史特勞斯〔A. Strauss〕等，1997）。本研究將搭配此方法的局部運作方式，透過靈媒及相關人士的深度訪談，探索靈界的貨幣制度。

(四) 倫理學方法

　　本研究的第五章為「金銀紙的倫理道德功能」，主要是透過「倫理學方法」探討「現實界金錢遊戲的跨界展望」、「付金銀紙的代價以希冀福佑的保障」、「神鬼收受金銀紙而給所求的回饋」和「兩界通財的紐帶在信字上」等四個倫理道德功能議題。所謂「倫理學方法」，是指探討人和人以及人和自然倫常的方法。（鄔昆如，2003；林火旺，1999）倫理學是做人的學問，其他的學問大都是在充實人的知識，是實踐性的，是人性中德性的發展。（鄔昆如，2003：1）因此，透過金銀紙所負有的倫理道德功能，可以行使教化。

(五) 美學方法

　　本研究的第六章為「金銀紙的審美性」，主要探討的為「金銀紙使用的優美」、「其所蘊涵的崇高美」和「其可能的悲壯美」等問題，採用「美學方法」。所謂「美學方法」，是評估語文現象或以語文形式存在的事物所具有的美感成分（價值）的方法。（周慶華，2004：132）凡是基於求「美」的前提而論說語文現象或以語文形式存在的事物的意見，都可以把它歸到審美取向的方法論類型這一綱目下來理解。（周慶華，1996：211～212）以到後現代為止所被規模出來的「優美」、「崇高」、「悲壯」、「滑稽」、「怪誕」、「諧擬」、「拼貼」等七大美感類型作為美學的對象。（周慶華，2004：137～138）而本研究依對象性質的限制，僅取前三類型。

(六) 文化學方法

　　本研究的第七章為「金銀紙的文化性透視」，主要在探討金銀紙在氣化觀型文化中體現及其在五個次文化系統中（終極信仰、觀念系統、規範系統、表現系統和行動系統）的表現，並和西方的創造觀型文化以及印度的緣起觀型文化作比較，因此本章採用「文化學方法」。所謂「文化學方法」，是評估語文現象或以語文形式存在的事物具有的文化特徵（價值）的方法。（周慶華，2004：120）在 18 世紀 70 年代，泰勒（E. B.

Tyler）重新為文化下定義，說文化是一種複雜叢結的全體；這種複雜叢結的全體，包括知識、信仰、藝術、法律、道德、風光以及任何其他人所獲得的才能和習慣。（殷海光，1979：31）而在這當今為了統攝材料的方便，不妨用上述的文化五個次系統說來掌握金銀紙的各層文化意涵。

(七) 社會學方法

本研究的第八章為「相關成果的運用途徑」，這一章主要是藉由前面幾章的研究成果融入語文教育中，並催生臺灣的宗教教育以及開啟臺灣在宗教文化研究方面的新視野，因此本章採用「社會學方法」。所謂「社會學方法」，原是指研究社會現象的方法，但在這裡是特指研究語文現象或以語文形式存在的事物所內蘊的社會背景的方法。（周慶華，2004：87）而社會學的研究方式，一般有社會調查、社會觀察和社會實驗等三種。而社會學研究的具體方法有許多種類，比較常用的有：比較法、文獻法、問卷法、訪談法、統計法等。而社會學的研究技術，則涉及社會學實證研究的具體操作問題。（王海山主編，1998：230～231）根據上述的定義，本章的議題是屬於社會學方法中的社會實驗方式，但也僅能取其精神，探討金銀紙信仰所能運用的途徑。

第三節　研究範圍及其限制

一、研究範圍

在前一節研究目的與研究方法中，我已說明了本研究所涉及的概念及其論述方式。首先，本研究第二章為「文獻探討」，主要為我國歷年來學者對金銀紙的研究所及的範圍（金銀紙的歷史淵源、金銀紙的種類、金銀紙的功能及其跨界冀求），加以探討、耙梳整理而不涉及到實際考察的問題；第二，本研究第三章為「金銀紙上圖像的裝飾與意涵」，以第二章第二節「金銀紙的種類」中所提及的種類，在本

章將文獻所提及的，分別歸納進金紙、銀紙、紙錢等三類中，並對各自種別上的圖案及裝飾加以探討，將各類中的每一種金銀紙所被賦予的意涵，歸納成各類所涵括的意義；第三，本研究的第四章為「金銀紙的貨幣課題」，以陽世的經濟貨幣現象探討陰界的貨幣現象是否是「另一個陽間」，透過靈媒進行訪談，並以現有的文獻及理論，進行訪談內容的探討分析；第四，本研究的第五章為「金銀紙的道德倫理功能」，在儒家倫理道德思想的概念下探討陽世金錢遊戲的現象（交易關係、人際關係、社會地位……等）、倫理道德（從氣化觀型文化的規範系統，探討「金銀紙燒的多，所得的回報也就多」的觀念）和信用制度（從陽界的信用制度探討陰界的信用制度）。

　　接著，本研究的第六章為「金銀紙的審美性」，運用美學方法探討金銀紙本身以及使用的美感。學者將美學規模出「優美」、「崇高」、「悲壯」、「滑稽」、「怪誕」、「諧擬」、「拼貼」等七大美感類型，本章探討金銀紙的美感為「優美」、「崇高」、「悲壯」等三大美感類型。周慶華將七大美感類型整理成一概念圖：

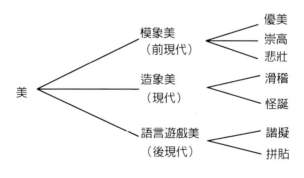

圖 1-3-1　美感類型概念圖

資料來源：周慶華，2004：138

　　由上圖可知本章的美感類型屬於前現代的模象美。當中優美，指形式的結構和諧、圓滿，可以使人產生純淨的快感；崇高，指形式結

構龐大、變化劇烈,可以使人的情緒振奮高揚;悲壯,指形式的結構
包含有正面或英雄性格的人物遭到不應有卻又無法擺脫的失敗、死亡
或痛苦,可以激起人的憐憫和恐懼等情緒。(周慶華,2004:138)然
後,本研究的第七章為「金銀紙的文化性透視」,主要是在氣化觀型
文化的五個次系統(終極信仰、觀念系統、規範系統、表現系統、行
動系統)下探討金銀紙的文化性,並以五個次系統觀念架構下進一步
探討其他兩大文化(創造觀型文化、緣起觀型文化)信仰中沒有使用
金銀紙的原因,其關係如下圖所示:

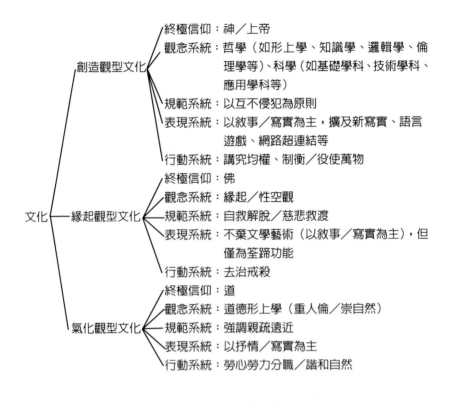

圖 1-3-2　三大文化系統圖

資料來源:周慶華,2006:221

倘若從文化五個次系統的架構下進行比較，如圖所示：

中國	西方	印度
道	上帝	佛
↓	↓	↓
氣化觀	創造觀	緣起觀
↓	↓	↓
靈隊倫理	信耶穌得永生	證悟解脫
↓	↓	↓
有金銀紙	無金銀紙	無金銀紙

圖 1-3-3　文化五個次系統比較圖（一）

　　最後，本研究的第八章為「相關成果的運用途徑」，主要是在建議將本研究的成果融入語文教育中，並以此研究成果為中介探討歐美國家實行已久的宗教教育實施的方法及策略，搭配近來相當熱門的品格、道德教育議題催生我國宗教教育，也可藉由此研究開啟我國宗教文化研究的另一個面向。

二、研究限制

　　在上一節已經清楚交代了研究的範圍，在此範圍內可以第四章和第八章所建構的理論為準的，由於研究的性質所限，只能採局部訪談以取得可印證的材料，而不便進行全面的實證研究，也無法進入實務層面檢證其實施的成效，這是本研究的限制所在。

　　此外，目前國內對金銀紙研究的專書、期刊和論文如下所示：古原（1994）〈風吹曠野紙錢飛──清明掃墓習俗的沿革〉、李丁文（2006）〈從「鬼月」談「拜牲禮及燒金紙」之意義〉、林耀堂（2000）〈金紙、銀紙──常民美術對現代版畫的影響〉、施晶琳（2004）《臺南市金銀紙錢文化之研究》、施晶琳（2005）〈臺南漢人之信仰象徵媒介物──紙錢〉、施晶琳（2006）〈從考古、歷史及文學看祭祀用紙錢

的源流與遞變〉、侯錦郎（1991a）〈從考古、歷史及文學看祭祀用紙錢的源流與遞變〉、侯錦郎（1991b）〈臺灣常見的祭祀用紙錢〉、高資敏（1994）〈該是不再燒冥紙的時代了！〉、張懿仁（1996）《金銀紙藝術》、張益銘（2006）《金銀紙的秘密》、楊偵琴（2004），《「紙馬」（金銀紙）圖像之研究──納天地神靈於方寸之間的民俗藝術》、楊偵琴（2007）《飛天紙馬：金銀紙的民俗故事與信仰》等，主要都是在討論它的藝術性、種類、歷史、故事，以及近來環保意識抬頭下提倡減少燒金銀紙的文章。歷來文獻中，沒有對金銀紙上圖案與裝飾的的意涵加以探討，以及從貨幣課題、儒家倫理道德、美感的角度、文化性透視和如何將金銀紙研究的成果運用到教學及新研究面向上，殊為可惜。現行中小學實施九年一貫課程的基本理念是「教育之目的以培養人民健全人格、民主素養、法治觀念、人文涵養、強健體魄及思考、判斷與創造能力，使其成為具有國家意識與國際視野之現代國民。本質上，教育是開展學生潛能、培養學生適應與改善生活環境的學習歷程。因此，跨世紀的九年一貫新課程應該培養具備人本情懷、統整能力、民主素養、本土與國際意識，以及能進行終身學習之健全國民。故爾，其基本內涵至少包括：（一）人本情懷方面。（二）統整能力方面。（三）民主素養方面。（四）本土與國際意識方面。（五）終身學習方面。」五大基本內涵中「本土與國際意識方面」包括本土情、愛國心、世界觀等（涵蓋文化與生態）。（國教社群網，2010）而本研究所探討的金銀紙上圖像與裝飾的意涵、金銀紙的貨幣課題、金銀紙的倫理道德功能、金銀紙的審美性以及金銀紙的文化性透視，涵蓋了五大基本內涵中的人文情懷方面、本土與國際意識方面以及終身學習方面等三大基本內涵。在《國民中小學九年一貫課程綱要》中也頒布十大基本能力，包括（一）了解自我和發展潛能；（二）欣賞、表現和創新；（三）生涯規畫和終身學習；（四）表達、溝通和分享；（五）尊重、關懷和團隊合作；（六）文化學習和國際了解；（七）規畫、組織與實踐；（八）運用科技和資訊；（九）主動探索和研究；（十）獨立思考和解決問題。（國教社群網，2010）「文化學習與國際理解」

基本能力所強調的是：尊重並學習不同族群文化，理解與欣賞本國及世界各地歷史文化，並深切體認世界為一整體的地球村，培養相互依賴、互信互助的世界觀。因為文化所涵蓋的層面極廣，包括科學、語文、藝術、宗教、道德、法律、風俗、習慣等，因此「文化學習與國際理解」基本能力的培養，有賴於活潑多元的教學設計與情境布置，讓學生在「感同身受」的探究學習活動中，激發愛鄉愛土情懷、養成文化同理心、並且拓展國際視野，實至名歸的達到鄉土教育與多元文化教育的訴求，進而追求世界觀教育的理想。（國教社群網，2010）

　　我認為要達成九年一貫課程綱要中「本土與國際意識方面」的內涵與「文化學習和國際了解」的基本能力，七大領域中除了社會、藝術與人文等兩個領域中可實行外，也可在語文領域中來達成此目標。主要是因語文領域的跨領域性，包含了人文學科、社會學科和自然學科，而本研究所探討的內容屬宗教學的部分，其涵蓋了人文學科及社會學科，所以我認為倘若想達成「本土與國際意識方面」的內涵與「文化學習和國際了解」的基本能力，應藉由語文領域的跨領域性來達成此目標。語文的跨領域性如圖 1-3-4 所示。

　　因此，本研究第五章到第八章，將現有貨幣課題、儒家倫理道德思想、美學、文化學和歐美國家實施宗教教育的文獻加以探討並和金銀紙課題相互連結。由於本研究關注的重點在這些，所以對相關學者所談的那些課題就會選擇性的納入，無法一一的深入條理歸結。所不足的部分，可以俟諸異日再以專文的方式補齊。

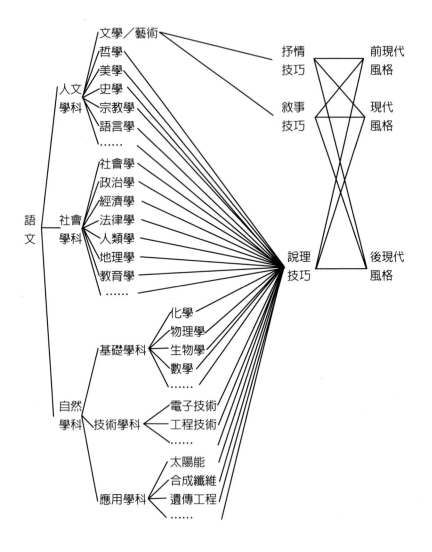

圖 1-3-4　語文領域圖

資料來源：周慶華，2004：3。

第二章　文獻探討

本研究在此分為金銀紙的歷史淵源、金銀紙的種類、金銀紙的功能及其跨界冀求等三節來談，主要源於目前國內學者對金銀紙的研究，主要還是侷限在探討金銀紙的歷史淵源、種類、功能及其跨界冀求、藝術性。其中，金銀紙的歷史淵源、種類、功能及其跨界冀求，不管是幾年前的文獻所記載的都相雷同，此老掉牙的研究在此一併整理交代。

第一節　金銀紙的歷史淵源

金銀紙源自大陸紙馬文化，更可追溯至新石器時代的仿貝殼、仿貨幣祭祀。（張益銘，2006：19）近代學者分別從經濟、宗教、民間傳說……等觀點，追溯金銀紙的起源。

一、經濟觀點

近代學者張捷夫從經濟的觀點切入探討，張氏認為中國在夏商時期之前，當時的人們就有著人死後會到另一個世界的觀念（靈魂不滅說），因此會將死者較為貴重的金玉、銅器、錢幣與生活必需品等作為陪葬品，以便亡者可以在另一個世界使用。而此隨葬品的使用，最早可從新石器時代考古的遺跡中發現，當時已經有利用石頭和動物的骨骸磨製而成的仿貝殼來陪葬。（張捷夫，1995：13～14）顯然中國早在夏商時期甚至更早以前便有貨幣經濟的觀念，進而將人間的貨幣觀念帶進喪葬禮俗中。在考古中可以發現很多仿造貨幣陪葬的案例，如新石器時代以石子或獸骨製成的仿貝殼，及春秋時代金屬貨幣的

鉛、銅，以及陶土仿製品等，都屬於冥器的部分，這些仿製貨幣的使用，都和金銀紙的意義相同。（張益銘，2006：19～20）

除了以上的考古發現外，從古籍中探討也可發現許多相關的記載，在史書《漢書・張湯傳》第二十九中提及：「……會有人盜發孝文園瘞錢……」宋代高承之《事物紀源》〈吉凶典志部〉中也記載：「今楮鏹也，唐書《王嶼傳》曰：玄宗時嶼為祠祭使，專以祠解，中帝意有所褒，後大抵類巫覡，漢以來皆有瘞錢，後世里俗稍以紙寓錢為鬼事……」以上兩則古籍上的記載中，都有提及「瘞錢」，「瘞錢」就是當時喪葬時陪同死者入土的冥銅錢。（賴宗煒，2007：21～22）

不論是考古的發掘還是古籍探討的發現，金銀紙的淵源與中國早期的貨幣經濟觀念脫離不了關係，相信人死後靈魂會到另一個世界生活，其使用的貨幣也與人間相同，子孫為了讓死者到另一個世界方便生活，於是仿製當時的貨幣當作陪葬品。

二、宗教觀點

學者侯錦朗在 1953 年大陸安陽遺址（西元前 14～西元 11 世紀）的王室官吏墓中，發現死者的口中、雙手以及雙腳上都置有貝殼，依此侯氏提出以下幾種假設：這些貝殼是用來裝飾？或是臨終時所領取的聖物？是否這些貝殼可以保持屍身的完整性？而最後這幾項假設，侯錦朗則是將口、手、足聯想到亡者與外在世界聯繫的溝通管道，因為在後來的道教思想中，口、手、足被稱為「三關」，而且被視為人體內在小宇宙與外在大宇宙溝通的管道，因此這些貝殼似乎有著超越常人理解的宗教神秘力量。（引自賴宗煒，2007：21）

三、民間傳說

目前文獻上有關金銀紙起源的民間傳說，大部分都與東漢蔡倫造紙的故事有關，這樣的結果是可想而知的，一定要先有人發明

紙，才會有金銀紙出現。無論是大陸或臺灣的民間傳說，都會有一則傳說談到蔡倫，雖然傳說版本不同，但其內容大同小異。我從賴宗煒（2007）及施晶琳（2004）兩人的碩士論文探討金銀紙起源的章節中，擷取歸納整理出七則民間傳說，前四則為大陸地區普遍流傳的傳說，後三則為臺灣地區的民間傳說。本研究主要聚集於臺灣地區金銀紙信仰的探討，所以大陸地區的四則傳說只作簡略的敘述。

(一) 河南社旗縣的傳說

主要是說蔡倫的哥哥蔡莫和其妻子的故事，因蔡莫造紙技術不好，所造出來的紙相當粗糙，沒有人願意向他買紙，為了讓紙的銷售成績轉好，他的妻子便想出一個燒紙可以讓死者復活的手法，讓鄰居誤以為燒紙真的有這麼大的好處，於是都向蔡莫買紙，去各自的祖墳焚燒。

(二) 東北一帶流傳的說法

張財和張義兩兄弟是販賣黃紙的商販，由於兩人都是第一次到關外做生意，不知關外的冬天非常寒冷，弟弟張義挺不住惡劣的天氣，凍死在雪地上。哥哥便將眼前的兩堆黃紙焚燒，一瞬間，烈焰沖天，張義被薰醒過來。

張義胡謅亂編說是哥哥焚燒的那兩堆黃紙，讓見錢眼開的閻羅王釋放了他。哥哥張財信以為真便在客棧裡大肆宣傳，並且一代傳一代。後來有個好事者，發明一種印版，開始印製紙錢。

(三) 山東的傳說

有兩個人看到別人很有錢，心裡很不服氣，想到一種辦法賺錢。他們將稈草、麥稈輾爛混合製成草紙，到處叫賣，都沒有人要買。於是想到一個計謀，叫小伙計裝死躺進假墳中，當路過的人較多時便嚎啕大哭並燒草紙。路過的人好奇的問他為什麼要焚燒草錢，大伙計便

19

說：「他弟弟托夢給他說：『閻羅王想要錢，得在第七天、第十四天多燒些火紙，便能復活。』」剛開始過路人不信，當越燒越多時，假墳裡發出聲音，大伙計於是將假墳敲開，他們看到小伙計復活，便將此說法流傳下來，此習俗也一直保存至今。

(四) 苗族燒紙錢的由來

寫蔡倫和郭統起初一起造草紙，銷路不錯。後來，兩人更進一步造出了白紙，大家都搶著買白紙，草紙從此滯銷。為了提高草紙的銷售量，於是他們想了一個辦法，叫蔡倫裝死躺在棺木裡，便跟蔡倫說他會連續燒九天的草紙，然後他再從棺木裡爬起來。當人們問蔡倫為什麼會死而復生，他便會說因為他利用郭統燒給的草紙買通大鬼和小鬼，他們才放他回來的。

(五) 東漢蔡倫

東漢蔡倫總結前人的經驗，始用樹皮、麻頭、破布等原料做紙，世稱「蔡侯紙」。新產品一推出，世人不解其妙處，導致滯銷。蔡倫為了大量推銷自己的產品，夥同妻子串通設計。首先由蔡倫向黃帝告病返鄉，不久就詐死臥躺在無底棺材內，他的妻子在棺木前不斷燃燒事先準備好，上面貼有銀箔的長方形紙錢。一些前來祭弔的親朋好友甚為困惑，問明原由，他的妻子說：「此為陰間通用貨幣，在靈前燒此紙錢，可助亡者在陰間疏通獄卒，賄賂閻王，如再繼續燒紙錢，或許七日後可清醒復活。」而蔡倫在七日後從棺木中復活，眾人大驚，咸信燒紙錢可積功德，延長壽命，從此燒紙錢的風氣，相沿成習至今。（張懿仁，1996：2；黃金財，2008：70）

(六) 唐高祖李淵

相傳唐高祖李淵，於隋末，趁全國大動亂，乘機起兵政變，自稱太上皇。在這一連串的爭霸中，李淵離鄉多年，等天下底定，返鄉見慈母已仙逝多年，在廣大的墓園當中，遍尋不著先母的墳墓，聽說此

時，唐高祖將攜帶前來的紙錢，分置在各墳墓上，上香禱告。禱告不久，但見其中一墓的紙錢倏而消失無存，因而斷認此為唐高祖母親的墓。（施晶琳，2004：19）

(七) 唐太宗

唐太宗為了魏徵斬龍王的事情，昏睡數日，傳說中他在這數日內遊了地府。行經枉死城，遇見自己打天下時，因南征北討而喪命的軍魂、無辜犧牲的各地百姓。冤魂們逼迫太宗施捨，免除其倒懸之苦；此時太宗一愁莫展，只好借了開封府民林良，平時因行善好施，僧侶以其名燒紙錢所積存的多座陰間銀庫之一，分發施捨，才得以全身而退。太宗還魂後，差人攜所欠銀錢及聖旨到開封府歸還林良。林良不敢收下，太宗便以這筆錢舉行水陸廟會，建廟修祠，超渡冤魂。至此世人更加確信燒紙錢能讓往生的先人收到，能夠幫助先人在另一個世界過得好。（張懿仁，1996：2～3）

不論是從經濟觀點、宗教觀點還是民間傳說切入探討金銀紙的起源，可將其歸納兩個共同點：1.與喪葬禮俗有關；2.貨幣經濟思想。比較值得一提的民間傳說不難發現，大陸流傳的四則傳說都建立在人死後多燒紙前便能復活的思想上，而臺灣地區流傳的三則傳說面向顯得較多元，有多燒紙錢便能復活的思想，也有人民相信先民死後在另一個世界能收到陽間燒的紙錢，並利用那些紙錢過更好的生活。這些文獻上記載的說法顯然將陽間「有錢能使鬼推磨」以「沒錢萬萬不能」的經濟思想生搬硬套的加諸在「燒金」行為上，使此行為「合理化」。我所以會將這些歷來的說法稱為「合理化」，主要是我從對靈媒及相關人士的訪談過程中發現，我國民俗信仰「燒金」行為並非像張捷夫所提的經濟思想、侯錦郎的宗教觀點和民間傳說中所呈現的簡單思想，而應從氣化觀型文化下縝密的思想體系去探討「燒金」行為，此思想也是本研究往後會探討到的一部分。

第二節　金銀紙的種類

一、金紙

　　金紙雖為粗紙黏貼錫箔，再塗刷金藥及若干模樣而製成。但它所以被叫做金紙，是因為它比照陽間金貨來製作，和金貨同價，在金銀紙類中是最高貴的，使用的紙張也是特別上等的粗紙，紙張大，而且加印有紅色各種模樣，也因製造過程較為講究，而價值也是最高的。（陳壬癸，1981：159～160）倘若從金紙上的圖飾及所祀的神祇來區分，可將金紙歸納成三類：（一）三仙圖類型：均繪有三仙圖形；（二）錦緞花紋圖飾類：繪有紋飾的紙錢上所貼的金黃色錫箔，使人聯想起古代祭典中放置在錦緞布匹上的黃金，這類紙錢的名稱均印在金紙上；（三）無圖飾的金紙：此類金紙最為樸素，在每一束金紙的最上面印有圖案，其種類繁多，主要是因紙張及金箔的面積還有捆數而有所分別。其形式常因製造商而異，但每種金紙的比率是大致相同的。（侯錦郎，1991b：12～16；林耀堂，2000：28）在這一節中我試著從張懿仁《金銀紙藝術》和張益銘《金銀紙的秘密》記載的每一種金紙分別歸納、整理及比較，我認為應該還有無法歸入這三類的金紙，將無法歸類的列為其他類型。

(一) 三仙圖類

1. 壽金

　　壽金的金箔小於天金，金箔上印有財、子、壽三神像及壽字紅印。（道者，2009：94）或福、祿、壽三仙，以及「祈求平安」字樣。側面所蓋的印則有多種圖案，不一而足；常見的約有八種：（1）「三童子」字樣：代表福祿壽三位不老仙；（2）「福祿壽」字樣：象徵求福、求祿與

祈禱；(3)「財子壽」字樣：與福祿壽同意；(4)「天月德」字樣：通書中記載，天月德為日家吉神，宜祈福、嫁娶、修造上樑，萬事大吉；(5)「足百」字樣：代表份量足夠的意思；(6)「騰」字樣：具有奉獻（騰的臺語讀音近似於「呈」）的意思，也有飛天的意思；(7)「囍」字樣與龍鳳花邊；(8)店號或花型吉祥圖案。（張懿仁，1996：31）有大小兩種尺寸而分為「大花壽」與「小花壽」。「大花壽」用來祭祀一般天神；「小花壽」用來祭祀土地神、山神。近來「小花壽」較少見，大多使用「大花壽」，是最常用的金紙，幾乎任何祭祀都必須用到。（道者，2009：94）

2. 大百壽金

別名「大辨壽金」（張懿仁，1996：30），北部地區稱為「頂極」；南部地區則稱為「太極的大百壽金」。（張益銘，2006：123）印有極類似「頂極天金」，上面印有福祿壽三仙的吉祥圖案，也有說是財子壽三仙，其所裱的錫箔很大張，所以其價值很高。（張懿仁，1996：30～31；張益銘，2006：123）

3. 補運金

看似壽金，褙有錫箔、塗金油、正面圖案也為福祿壽三仙。多了四道波浪形的切痕。在南部與金門地區以此期盼補運。（張益銘，2006：122）

4. 福祿壽天金

貼有金鋁箔，正面長條形圖案為福祿壽三仙，兩旁各一天官為記。金鋁箔上整面釘滿釘孔，在新竹地區稱為「天公金」，以此向「天公」祈求平安。（張益銘，2006：124）

5. 環保壽金

由傳統壽金的面仔紙製成，整疊都是面仔紙或高級白毛邊紙，裱有錫箔與塗金油，正面蓋有「福祿壽」三仙以及「祈求平安」的字樣。

捆綁時用紅色紙帶固定。（張懿仁，1996：35；張益銘，2006：127）
眾神佛都適用。在北部地區，也可將其使用於出嫁女性兒孫的祭祖。
如：清明掃墓、忌日、超渡法事。（同上）

6. 頂極金

頂極金，顧名思義，乃指金紙中身價頂極者，可分大極與小極兩
種。這種最頂極的金紙，自然是玉皇大帝專用的金紙，因玉皇大帝是
道教神仙系譜中地位最崇高的神祇，所以在紙上的金箔面積較其他金
紙大，是農曆除夕及天公生日拜天公時使用的金紙。上面印有財、子、
壽三仙圖，民間俗稱財子壽金，中央為財神，左邊為壽神，右邊為子
神。財神賜財物；子神手抱幼兒，象徵賜子孫；壽神通常為一耆老畫
像，象徵長壽。財子壽三神反映出財祿、子孫、長壽，為人生追求的
理想境界。（道教全球資訊網，2010）

7. 太極金

也稱財子壽金或大壽金，金箔上寫有「祈求平安」字樣，印有財、
子、壽三仙圖，和頂極金的差異處在於其金箔面積較小，是僅次於頂
極金的金紙，用於祭拜三官大帝和玉皇大帝。

(二) 錦緞花紋圖飾類

1. 報恩錢

上印有「叩答恩光」或「祈求平安」，也有的印「福祿壽」三字。
面仔紙上大概都有漂亮的蓮花吉祥圖案，底色大多是喜氣洋洋的大紅
色。面仔紙把一疊壽金完全包住，十二疊成一單位，俗稱有一百二十
萬的面值（正統的報恩錢是一包內有十二張壽金，十疊成一單位，俗
稱有一百二十萬的面額）。報恩錢的閩南語念法聽起來很像「補運
錢」，所以被認為是補運錢。玉皇大帝、三官大帝或諸神。以報答神
明的恩賜。（張懿仁，1996；張益銘，2006）

2. 福祿天金

貼金鋁箔，印有「叩答恩光」、「祈求平安」、「福祿天金」及回字花紋，並有葫蘆型的釘孔圖案，隱約可見「金」字或「天金」二字。在中、南部地區又稱天公金、元旦。（張懿仁，1996；張益銘，2006）

3. 滿面

中、南部地區別名「盆金」。上面印「叩答恩光」以及「祈求平安」和雙龍搶珠的圖案，並有葫蘆型的釘孔圖案，圖案中釘有「天金」二字；有的是在整張錫箔上整面釘滿釘孔。需與「頂極天金」和「福祿天金（元旦）」一起使用。（張懿仁，1996；張益銘，2006）

4. 中天金、天金

面仔紙與內層紙貼金鋁箔並印有封誥型圖案及「天金」二字，捆綁時用紅紙帶固定。屬於中、南部地區的金紙。（張懿仁，1996；張益銘，2006：125）

5. 尺金

面仔紙與內層紙貼金鋁箔並印有封誥型圖案、吉祥圖案及「尺金」二字，常配合〈天金〉使用，適用於玉皇大帝、三官大帝或上界神明。（張懿仁，1996：33；張益銘，2006：125）

(三) 無圖飾的金紙類

1. 玖刈

又名「九金」、「九刈金」。面積很小，金紙本身裱有錫箔，只有塗金油，有蓋印；面仔紙僅印有「九刈」或「九刈金」等紅字而已。事實上，九刈除了面仔紙外，其金紙本身與刈金相同。通常使用於拜天公，及玉皇大帝、三官大帝或上界神明，也可用於諸神。（張懿仁，

1996：29）通常搭配壽金使用，適用於雲林、嘉義、臺南地區性金紙。
（張益銘，2006：117）

2. 九金

印刷金箔，邊印蓋有「九金」字樣。通形臺灣中、南部以及東部
地區，其用法與刈金相同。（張益銘，2006：117）

3. 四方金

有三種不同形式：（1）褙錫箔、漆金漆及正面蓋「福祿壽」紅印，
邊印有「九金」字樣。也稱為「九金」，適用於臺灣中、南、東部；（2）
貼有金鋁箔，只蓋邊印，適用於臺灣中部及東部；（3）貼金鋁箔，正
面蓋有四個方塊紅印。面仔紙上有印書卷型商標「四方金」、「一心奉
敬」、「祈求平安」及葫蘆中有「價實」二字，並蓋有邊印，適用於臺
灣東部及中部。（張益銘，2006：118）

4. 二五金

印有金箔，正面不蓋印。粉紅色面仔紙上的商標印「大辦二五
金」、「特選自造紙箔發兌」及葫蘆中有「正庄」與「貨真價實」。使
用對象僅是敬奉祖先。通行臺灣中、南、東部地區以及金門、馬祖、
澎湖地區。（張益銘，2006：119）

5. 特大二五金

褙錫箔及漆金油。平常僅是敬奉祖先；逢喪時，兒子燒銀，女兒
使用二五金，是離島通行的金紙。（張益銘，2006：119）

6. 三六刈

金紙本身裱有錫箔，只有塗金油，沒有蓋印；面仔紙上僅印有「三
六刈」兩紅字，用於拜天公，就是玉皇大帝、三官大帝或上界神明，
也可使用於諸神。（張懿仁，1996：29）

7. 中金

面積很小，裱錫箔，圖有金油，沒有蓋印；僅是在面仔紙上印「中金」兩紅字。使用於玉皇大帝、三官大帝與中壇元帥。

8. 太極顯得天金

屬天金的一種，形制大小與天金相似，圖樣則不同。（金銀紙的種類，2010）

(四) 其他類

1. 刈金

裱有錫箔及塗金油，上頭不蓋印。但臺南地區的刈金在面仔紙上加蓋有福祿壽三字；側邊印有吉祥圖案，或直接加蓋「刈金」二字，形狀略成長方形。（張懿仁，1996：28）形狀略成長方，臺語念ㄍㄨㄚ丶金，刈為割取之意，通稱為「割金」。（張益銘，2006：117）除了適用於諸神，還有三個用途：（1）用於諸神，常用於「犒軍」。（2）要搭配壽金使用。神明繞境時，施予過路遊神或在險路以及十字路口灑路關錢時。（3）在刈火，也就是割火時使用調整神桌或香爐、神像的高低時。（張懿仁，1996：28～29）

2. 福金

類似刈金，裱有錫箔及塗金油，上頭不蓋印，旁側印有如意吉祥圖案或「福」字。形狀呈正方形，所以又稱為「四方金」，用於福德正神、接引土地公、山神土地公以及過路遊神。（張懿仁，1996：30）使用於臺灣北部地區。（張益銘，2006：119）

3. 大百金

整疊都是用高級的白毛邊紙，再手工褙鋁箔，正面印是現在坊間常見到的「報恩錢」圖案，眾神佛都適用。在北部地區，也可將它使用於出嫁女性兒孫的祭祖。如：清明掃墓、忌日、超渡法事。（張益銘，2006：122）

4. 頂極天金

北部地區稱為「頂極天金」、南部地區稱為「太極天金」。（張益銘，2006：123）中間印有「叩答恩光」四個大字，下方則落款「祈求平安」。還有雙龍或雙鳳的吉祥圖案，及回字型的吉祥圖紋。（張懿仁，1996：32）適用玉皇大帝、三官大帝或上界神佛。（張益銘，2006：124）

5. 五色金

頂極天金、大百壽金、壽金、刈金、福金等五種金紙的總稱。又可分為：（1）大五路：大百壽金、頂極天金、尺金、壽金、刈金；（2）小五路（小五色）：壽金、二五金、銀紙、更衣、白錢。用以禮祀玉皇大帝、三官大帝、觀世音菩薩、天上聖母、關聖帝君、玄天上帝及結婚禮數等。（張益銘，2006：126）

6. 四色金

大百壽金、壽金、刈金、福金等四種金紙的總稱。是獻給天界的神佛與兵將，及通陰陽界的神明，如地藏王菩薩、土地公及普渡公。（張益銘，2006：126）

7. 三色金

壽金、福金、刈金等三種金紙的總稱。是獻祀於一般神佛或執行神佛命令的兵將，如巡營、犒軍、作迓等。（張益銘，2006：126）

8. 環保刈金

由傳統刈金的面仔紙製成，整疊都是面仔紙，裱有錫箔及塗金油，正面沒有蓋印，捆綁時用紅紙帶固定。（張懿仁，1996：35；張益銘，2006）其用途有三種：（1）用於諸神，常用於「犒軍」；（2）要搭配壽金使用。神明繞境時，施予過路遊神、或在險路以及十字路口灑路關錢時；（3）在刈火，也就是割火時使用調整神桌或香爐、神像的高低時（張懿仁，1996：35），須搭配壽金使用。（張益銘，2006）

9. 五路財神爺金

厚實外框配元寶連續花紋，貼金鋁箔的地方印財神爺像右手持如意、左捧金元寶。（張益銘，2006：127）

10. 註生娘娘

註生娘娘在民間相傳是臨水夫人與金花娘娘。「授子神」註生娘娘俗稱「註生媽」，司掌懷孕、生長的養育神。民間婦女深信註生娘娘操縱生命的開始、成長與凋零，為懷孕、生產、婚而不孕及孕而保胎的婦女所奉祀的對象，因此深受崇拜，以祈求生育的平安順利。（張益銘，2006：128）

座前常附祀「十二婆祖」各抱一嬰兒，六好六壞以示生男育女，均憑平常生活態度善或惡而定子女賢與不肖。（張益銘，2006：128）

11. 地基主金

地基主是居家陽宅的守護神，在臺灣相傳為感念平埔族先人而祭拜的。（張益銘，2006：128）

12. 天妃媽祖救渡金

在臺灣不只有世界三大宗教盛事之一的三月「肖媽祖」，同時也保留不少祭拜媽祖的傳統。（張益銘，2006：129）

13.觀世音菩薩金

此金紙是某從事金銀業者授觀世音菩薩懿旨而製作，使用此金紙能得觀世音降世渡眾生，菩薩救苦轉運來。（張益銘，2009：129）

14.福德正神

土地公在普民的心目中永遠與「福」、「德」同在，給予人們可期待「福惠群生」的希望感。（張益銘，2006：130）

15.五路發財金

金銀紙業者說是依據唐山紙馬系列中的神祇故事衍生而來。（張益銘，2006：130）張氏也有介紹三種五路財神的各種說法。

16.八路轉運金

根據金銀紙業者的說法「八路轉運金是補財庫、求發財，四面八方財運轉，財運亨通金滿堂。」（張益銘，2006：131）張氏也有介紹三種八路財神的說法。

17.貴人接引金

圖中所印十位都是人類夢寐想求的貴人，使用要寫附在封底的疏文，先禱念再焚化。（張益銘，2006：131）

18.開運金

以福德正神為想像財神。（張益銘，2006：132）

19.平安金

面仔紙印龍鳳祝壽圖並標示平安金，內層紙貼鋁箔，圖案為福祿壽三仙，邊印則是「財子壽」，是中部的鋁箔壽金。（張益銘，2006：132）

20.魁星金

由於目前考試「多元」，常常讓考生及家長無所適從，「魁星金」讓考生增加信心，使用魁星金需填附件「祈求顯達科名上稟天聽疏文」。（張益銘，2006：132）

21.蓮花金

面仔紙與內層紙都貼金鋁箔與印蓮花圖案於正面，邊印一朵蓮花與蓮花金字樣。北部地區用以祀神禮佛；中、南、東部則為出嫁女兒用於祭祖，不管是親人往生辦法事的過程、忌日、清明掃墓或撿金拾骨時。（張益銘，2006：133）

22.補運金

內層紙貼 5×4cm 的金箔，面仔紙與內層紙正面圖案有「福祿壽三仙」、「改連真經」、「陰陽本命」三種結合為一個版面。（張益銘，2006：133）

23.土地公金

印有面容慈藹的土地公及金錢、元寶和招財進寶。（金銀紙的種類，2010）由於臺灣早期是農業社會，一切仰賴土地維生，土地公也被賦予財神的角色，藉著焚燒土地公金表達心中的祈求，祈求生意興榮。

24.盆金

是金紙類中最大，盆金上畫有兩個同心圓，內圓印有「扣答」二字，外圓印有「一心誠敬祈平安」八字，並印有福祿壽的紅色字樣。通常用於酬謝神明時使用。（道教全球資訊網，2010；金銀紙的種類，2010）

25.祝壽金

大紅滾邊著色、錫箔金光與紅色圖文互映。其圖為福祿壽三仙及八仙兩種。（金銀紙的種類，2010）

26.天蓬元帥金

上面印有天蓬元帥、吉祥祈語及元寶，又名「豬哥金」。面上印的吉祥祈語為：「橫批寫著『敬奉天蓬元帥』，上聯寫『四時無災，八德有慶』，下聯寫『財源廣進，利路亨通』，在上下兩聯旁各畫有相同的符咒。」由對聯便可發現此金主要目的在祈求天蓬元帥能讓他們生意興榮。此祈求在面上印的元寶便可窺見一斑，元寶上面寫著「貴客滿門」，滿滿的客人替其帶來財富。由於天蓬元帥乃管照特種行業的守護神，此金用於特種行業，以求貴客迎門、財源廣進。（金銀紙的種類，2010）

27.天燈金

就是刈金，用於施放天燈時作為燃點的燈蕊，祈求平安。（金銀紙的種類，2010）從以上的歸類可發現，侯錦郎所提出金紙可分三類的說法並依他所下的定義去歸類，並不能完全將現有的金紙納入。因此，我認為多增加祈福神圖類型和意義象徵性類型這兩類，方可將現行全部的金紙囊括。

目前臺灣對金紙研究最完整的文獻屬張懿仁《金銀紙藝術》和張益銘《金銀紙的秘密》，而這兩本書也成了本研究的重要參考文獻。然而，這兩本書的研究還不夠深入，研究的面向只侷限在金紙的外觀、使用方式和使用地區等。並沒有對金紙上圖飾所被賦予的意義加以解釋；即使有所解釋，也只是含糊的帶過而已。我認為金紙上圖飾所被賦予的意義，是值得開拓也能使國內金紙研究的成果更臻完備。我將文獻上載有的金紙種類整理如上，也整理出金紙上所印的圖飾

有：福祿壽三神、財子壽三神、葫蘆、書卷型圖飾、回字花紋、壽字、新重正道德解連全部妙經、雙龍搶珠、天官、封誥型圖飾、五路財神、註生娘娘、地基主、觀世音菩薩、蓮花、卍、福德正神、銅錢幣、元寶、八路財神、十位貴人、龍和鳳、魁星、祈求顯達科名上稟天聽疏文、改連真經、陰陽本命錢等圖飾。以上所提到的圖飾，我將會在下一章探討它在在宗教信仰上所被賦予的意義。

二、銀紙

　　或稱「冥紙」，流通於冥間，所以不用於酬謝諸天神明，僅用於神明的兵將、祖先、好兄弟、或是常見的有應公。（道者，2009：96；張益銘，2006：134）分大、小銀兩種，使用對象不同。只裱錫箔。不塗金油，紙面也不蓋印；但整疊銀紙的側邊蓋以紅色吉祥圖案，有蓋官印認可的涵義。在南部，有些銀紙的面仔紙上也印有「福祿壽」三個字，以表示福祿壽全歸的意思。（張懿仁，1996：46）通常銀紙上不印任何圖案，但庫錢、往生錢、蓮花銀等特殊用的「冥紙」，則會印上圖案。

1. 大銀

　　又稱「三六銀」。銀面上印有財子壽三神，主要用於祭祀祖先、出葬、入殮、祭拜亡魂、普渡或者祭拜陰廟。入殮時，用白布包裹一大疊大銀，作為往生者的枕頭。

2. 小銀

　　紙張與錫箔都比大銀小，表示面額價值較低。（張懿仁，1996：46；張益銘，2006：136）側邊蓋印，普渡時用來祭拜祖先，或用來祭拜陰間鬼差、鬼卒、百姓公、有應公與義民公。常在險彎路或橋頭可見有人撒銀紙祈求行車平安。（張懿仁，1996：46；道者，2009：97）

3. 蓮花金

依形式而言，應列入金紙類，因為他裱有錫箔、塗金油與蓋印。其上印有蓮花，與壽金的福祿壽三仙不一樣之外，其他幾乎相同。因蓮花金用於祖靈，所以列入銀紙類。為南部地方用紙，為出嫁女性兒孫使用於祭祖、親人往生作法事、忌日或清明掃墓及撿金（撿骨）時。（張懿仁，1996：46）

4. 蓮花銀

裱有錫箔、不塗金油，正面蓋有蓮花圖案。為燒給祖先的貨幣，是南部地方用紙，為男性兒孫使用於祭祖，不管是親人往生辦法事的過程、忌日、清明掃墓或撿金（撿骨）。（張懿仁，1996：46；道教全球資訊網，2010）

以上也是整理自張懿仁《金銀紙藝術》和張益銘《金銀紙的秘密》這兩本文獻，可看出張懿仁和張益銘在介紹銀紙的時候還是侷限在銀紙的外觀、使用方式及使用地區來論述，並未對銀紙上的圖飾和色彩加以敘說，我會一併將它歸入第三章探討其意義。

三、紙錢

又稱「準金銀紙」，為陰間較次等的貨幣。紙錢較為繁複，有貼金裱銀的紙錢，也有無圖案的單純紙張，所以不具金銀紙形制，屬不特定用法的紙帛。總括來說，不一定有錫箔，大多以圖案、印文來識別。（張益銘，2006：139）為陰間次等的「貨幣」，多使用於陰間或往生超渡及祭祀陰間鬼神。（道也，2009：97；道教全球資訊網，2010）常見於兩種場合：一是出煞時；一是在俗稱鬼月的農曆七月，民間又稱「拜好兄弟」。（侯錦郎，1991a：23）

1. 黃高錢

又稱「長錢」。為黃色條狀，中間還有數條波狀切口，使用時，從切口撕開，以製造懸掛起來的層次。懸掛時，中間還圈有一條八仙的紙彩帶。使用時要懸掛在「燈座」旁豎立的甘蔗上，也可掛在廟前大柱，家中祭拜時也需先掛起來。用於謝天地（拜天公），祭拜的對象就是玉皇大帝、三官大帝或上界神明；主要目的在還願及報恩。在南部地區，和白高錢用途一樣，行喪時懸於門戶或陰事招安。（張懿仁，1996：75；金銀紙的種類，2010；道教全球資訊網，2010）

2. 金白錢

是掛紙的一種，以黃色或白（土灰色）兩種為一組，所以稱此，用以祭拜神明的隨身護衛。可以與更衣合用，用以祭拜寺廟的守護神「虎爺」及七爺和八爺。也使用於「掃墓」，所以又稱為「壓墓紙」。使用時將掛紙一角塞入墳土中，或用石子壓著一角，使掛紙另一端露出；依此法將掛紙分布於墳上。須另留一疊壓在后土（及土地公）的碑上，使用掛紙時不需要焚燒。這些掛紙象徵著屋瓦，具有裝飾、整修作用；也可象徵滿地金錢。（張懿仁，1996：92；道教全球資訊網，2010；金銀紙的種類，2010）

3. 白高錢

顏色為白色，形制與黃高錢相同，但沒有圈著八仙帶。行喪時，懸掛於門上；或與燈作搭配使用以消災解厄。用於祭祀一般鬼神或作法事用。（張懿仁，1996：75～76；金銀紙的種類，2010；道教全球資訊網，2010）

4. 庫錢

庫錢上印有壽桃圖案與面仔紙上印有「觀世音菩薩三寶印」。（張益銘，2006：150）入殮時將其放入棺木內，通常十五枚為一疊，代

表 1 萬，用白紙封包，依死亡的生辰不同，放置不同數量的庫錢。一般而言，子歲生者 10 萬、丑歲 38 萬、寅卯 12 萬、辰 13 萬、巳 11 萬、午 36 萬、未 15 萬、申 8 萬、酉與戌 9 萬、亥 13 萬，以供死者在冥界使用。（道教全球資訊網，2010）因是放在棺內，所以俗稱「內庫錢」。（張益銘，2006：150）

5. 外庫錢

就是「功德庫錢」，面仔紙為桃紅色，並印有文字與蓋印。整疊功德庫錢上下還用兩條紅紙帶圈住，代表吉祥。可分「公庫錢」及「私庫錢」，用於作法事、超渡、燒厝時，由法師指派燒給往生者祈求能赦免亡魂的罪，使亡魂能被超渡、迴向、供養。燒功德庫錢時，陽間的子孫必須牽手達成一個大圓圈，將火堆圍繞於其中，以示供自家往生者享用，他魂不可搶。（張懿仁，1996：48；張益銘，2006：151）

（1）公庫錢

相傳人向庫官借錢投胎，往生歸陰後，就必須把錢繳還公庫，這筆錢就叫做功德庫錢。面仔紙上印「佛法僧三寶印」，文字內容是：「照得奉財陽居○○○等誠心具備庫錢拾萬充足硃印封全奉於顯○○謚○○一位正魂自已收領　陰司開封享用　他魂不得紊爭　如有不尊定依靈山法旨究罪施行決不輕放　右仰小鬼知悉　太歲○○年○月○日給奉」。使用時要填寫清楚，並經法師壓印後，燒化給往生者存用。（張懿仁，1996：48）

因不同生肖，投胎費用就有差別。除了肖馬、牛的人需繳八萬，其他生肖各為四萬。庫錢除了繳給庫官之外，還包括擔腳伕的工錢以及補破雜費。總括來說，公庫錢目的在於償還投胎前所欠，而又因經過法師作功德，所以也等於為將來種善果。（張懿仁，1996：48；張益銘，2006：151）

據《道士文檢》一書內容記載：「肖猴之人屬第一庫杜氏大夫，肖鼠之人屬第二庫李氏大夫，肖龍之人屬第三庫袁氏大夫，肖豬之人屬第四庫阮氏大夫，肖兔之人屬第五庫柳氏大夫，肖羊之人屬第六庫朱氏大

夫，肖虎之人屬第七庫雷氏大夫，肖馬之人屬第八庫許氏大夫，肖狗之
人屬第九庫成氏大夫，肖蛇之人屬第十庫紀氏大夫，肖雞之人屬第十一
庫曹氏大夫，肖牛之人屬第十二庫田氏大夫。」（張懿仁，1996：48）

（2）私庫錢

面仔紙上印有「佛法僧印」，文字內容是：「照得奉財陽居○○○
等誠虔備私錢○○萬兩充足硃印封全一心奉于○○○一位正魂自已收
領陰司開封享用　他魂不得紊爭　如有不尊定依究罪施行決不輕放
右仰小鬼知悉　天運○年○月○日奉化」。（張懿仁，1996：48～49）
這是給往生的祖靈零用的紙錢。（金銀紙的種類，2010；祭祀禮儀，2010）

6. 公庫錢

屬入殮庫錢的一種，和功德庫錢中的「公庫錢」不同。其面仔紙
上標明有「庫錢」，並印有「亡者○○○一位正魂收領」、「拾萬倆整」、
「陰司開封使用　他魂不能亂爭」、「陽居報恩奉化天運○年○月○
日」，使用時要將死者的名字及使用時間寫上。（張懿仁，1996：47）
用途是納入地府的「公庫」中，帶有「設籍」的意味。也就是說，必
須繳納公庫，才能成為「合法公民」，有錢可用，不致流落街頭。使
用時置入棺木內，而非焚燒用。（張懿仁，1996：47；張益銘，2006：
150；金銀紙的種類，2010）

根據《道士文檢》所載，每種生肖需繳的數量不一樣:「肖鼠之
人繳 6 萬，肖牛之人繳 28 萬，肖虎之人繳 8 萬，肖兔之人繳 8 萬，
肖龍之人繳 9 萬，肖蛇之人繳 7 萬，肖馬之人繳二 26 萬，肖羊之人
繳 10 萬，肖猴之人繳 4 萬，肖雞之人繳 5 萬，肖狗之人繳 5 萬，肖
豬之人繳 9 萬。」（張懿仁，1996：47）

7. 私庫錢

屬於入殮庫錢的一種，和搭配七旬金使用的「私錢」或公德庫錢
中的「私庫錢不同」。面仔紙上標明有「私錢」，並印有「亡者○○○

一位正魂收領」、「拾萬倆整」、「陰司開封使用　他魂不能亂爭」、陽居報恩奉化天運○年○月○日」，使用時要將死者的名字及使用時間寫上。這是給往生的祖靈零用，使用時置入棺木內。（張懿仁，1996：47）

8. 庫錢通寶

有分「天庫、地庫」和「天庫、地庫、水庫」二種。（金銀紙的種類，2010）面仔紙內包的是小錫箔的壽金或刈金。「天庫」代表天官，「地庫」代表地官，「水庫」代表水官。（張益銘，2006：148）天、地、水這三官分掌不同的職責：天官賜福，地官赦罪，水官解厄。（大喬，2008：124）這是使用於祈福、補庫的紙錢。

9. 地府錢

印的是地府中各種情景，有許多不同版本。用於歲數六、十八、三十、四十二、五十四、六十六和七十八歲的人，其流年犯「死符」易破財，花錢不當。（金銀紙的種類，2010）

10. 花公花婆錢

印有一公一婆，中間還有一瓶花。花公花婆和童子一樣，職責在於守護花叢。（張懿仁，1996：71）就是守護小孩的新生命樹，所以被視為小孩的守護神。舊時人們向花公花婆求早賜麟兒。（張益銘，2006：154）用於小孩補運，照顧花叢，保佑兒童成長。（張懿仁，1996：71；張益銘，2006：154）

11. 火神錢

印有火神圖像。祂常扮演兩種不同角色，一是掌管火政的神明，一是釀成火災的火精；所以通常火神具有兩種形象，為神則正派威風，為精則近乎惡煞野蠻。用以制化「水火關」、「夜啼關」與「湯火關」三種關煞，以前也用來當醫藥治療燙傷及燒傷。（張懿仁，1996：

63）發生火災後，也有人燒火神錢用以祭火神、壓火煞，防止火災再起。（張懿仁，1996：63；金銀紙的種類，2010）

12.山神土地錢

印有持笏板或提燈籠的山神與持枴杖的土地公。用來制化「急腳關」，還可以使用於冒犯、褻瀆自然的時候。這種對天地自然的信仰崇敬，顯示了大自然自有一種令人不得不敬畏的力量，一向為中國人深信不疑。由於山神掌管墳場山頭，土地則是墓地的守護，而民間俗信，倘若是因祖靈墓地有問題而使其不得安穩，則會影響到陽世子孫的運氣；所以在解運時，法師有時也會指派使用山神土地錢來賄賂山神、土地公，請祂們多多關照。（張懿仁，1996：60～61）

13.三官大帝錢

印有三官大帝圖像及字樣，分為「天官錢」、「地官錢」和「水官錢」。（金銀紙的種類，2010）「水官錢」印有持笏板的水官與其部屬諸將，使用於水厄制化。另外，水官就是三官大帝中的「下元解厄水官三品洞陰大帝」，用於補運解厄。（張懿仁，1996：61）「天官錢」印有多位持笏板的天官，從「天官賜福」俗諺中，改厄消災。「地官錢」印有四位持笏板的地官，似是地府中的四位判官。主要的功用在驅逐邪煞，改厄消災。（張懿仁，1996：71）

14.陰陽錢

大多的陰陽錢都用太陽和月亮的圖案來顯示。（金銀紙的種類，2010）在陰陽五行思想中，「太陽」屬陽而「月亮」屬「陰」，用來祈求本命陰陽福氣，達到陰陽調和。另外，也具有溝通陰陽的作用。說明白一些，就是用來買通陰陽，以祈求本命中陽世陰間的福氣。（張懿仁，1996：70）

15.本命錢

又稱「陰陽錢」、「解厄錢」、「補運錢」、「買命錢」……是一種印有小人圖形或錢幣的紙錢。(道教全球資訊網，2010；虛擬神宮，2010)當人運氣不好時，或遇上兇神惡煞，需解運時，可用來祈求好運、驅邪逐煞。對於命不好的人，可用來增強本命。(道教全球資訊網，2010；虛擬神宮，2010；金銀紙的種類，2010)

16.轉輪錢

印有象徵陰陽轉輪的銅錢，還有三個輪迴道。輪迴道分別為：人、鳥、獸。事實上，輪迴道共有四生六道，四生是指胎生、卵生、濕生與化生；六道是天道、神道、人道、畜牲道、地獄道、餓鬼道。四生六道，包括了天地眾生。(張懿仁，1996：70)為協助亡靈在六道輪迴中投胎到天道、人道等較好的地方而燒的紙錢。(金銀紙的種類，2010)

17.往生錢

中間印有「往生神咒」四字，周旁印著往生咒文，在排列成圓形咒文的四角印有「極樂世界」四字及蓮花圖案。講究一點的版本，更於四周印上蓮花、蓮葉、蓮蓬、桃葉與壽桃等吉祥圖案；在壽桃中還印有「給付○○○收炤」，使用時須填寫給付的對象。(張懿仁，1996：84)此咒文包含現世與來生的雙重期待，為佛陀的根本咒，是能拔一切業障根本得生淨土神咒的通行名稱。(張益銘，2006：140)用於喪葬禮俗，超度先人往生所用。燒用時大多整束連同銀紙焚燒，或折成蓮座狀，祈求亡魂腳踏蓮花往西方，早日往生投胎。(金銀紙的種類，2010)後人焚燒蓮座，乃希望藉著這種觀音座下的法器，將逝者送往西方極樂世界。(虛擬神宮，2010)

18.前世父母錢

　　印有一男一女，代表前世父母。在民間信仰中，由於靈魂轉世輪迴說深植人心，都相信有所謂「三世因緣」。這前後三世之間，既有關係，就免不了恩怨情仇，而且這些關係會延續牽連。前輩子的父母和我們更少不了這些關係，不管是前世不孝或緣份未盡，這些恩怨，需要今世償還。（張懿仁，1996：64）主要目的是燒給前世父母，為補償前世債務的錢。（金銀紙的種類，2010）也可用以制化深水關，有時小孩出生後體弱多病、哭鬧不休，法師通常會表示這是因為前世父母捨不得孩子轉世投胎，所以作祟糾纏；這時也可以使用前世父母錢，去溝通、請求，來擺脫糾纏，救回小孩。（張懿仁，1996：64）

19.花仔錢

　　以印有花紋的彩紙包著黃色毛邊紙，捲成圓形條狀，以十個或十二個紮在一起為單位來使用；更講究的也有用紅紙包著頭尾，使整體成為方塊狀。（張懿仁，1996：79）用於「栽花換斗」，也就是所謂的求子嗣。也可用於「探花叢」，具備補運的意義。另外，民間相信，孩童的成長需要仰賴神明的庇護，包括註生娘娘、七娘媽、媽祖等女神；所以花仔錢也可作為神明衣料使用於女姓神明，為小孩補運，作為小孩的補運錢。

20.壽生緣錢

　　中間印「壽生緣錢」，周旁印著壽生咒文。（張益銘，2006：139～140）四個角落上印有「福祿延壽」四字。講究一點的版本，更於四周印上蓮花、蓮葉、蓮蓬、桃葉與壽桃等吉祥圖案，而且在壽桃中還印有「信士○○○敬奉」，使用時需填自己的名字。（張懿仁，1996：81）使用於佛神作壽的場合，或是用來與佛神結緣。（張懿仁，1996：81；金銀紙的種類，2010）也有人用來還冥債當庫錢使用及給亡者祝壽用的。（張益銘，2006：40）

以上也是整理自張懿仁《金銀紙藝術》、張益銘《金銀紙的秘密》、「虛擬神宮」、「金銀紙的種類」，可發現這些文獻也是侷限在銀紙的外觀、使用方法和使用地區而已，並未對銀紙上的圖飾加以解釋它們被賦予的意義，如八仙彩、壽桃、觀世音菩薩三寶印、佛法僧三寶印、三官大帝、火神、地神、水神、山神、往生咒、蓮花、壽生咒等。我會將文獻上所提及和所觀察到紙錢上圖飾在我國宗教上所賦予的意義加以解釋，和前面金紙和銀紙的圖飾意涵一併在下一章解釋論說，讓金銀紙研究更臻完備。

第三節　金銀紙的功能及其跨界冀求

「燒金」、「燒紙」是民間祭儀結束前的最後一項必要活動，主要源於早期中國紙馬的貼、供、掛、焚、帶、藏等六種用途中的「焚」。「焚」就是像往生咒、冥幣、紙錢、金紙等等，經過祭拜後焚燒，誠奉獻，保平安，也有將神佛、財神等經過拜儀後焚燒。（張益銘，2006：43）

據臺灣耆老林天樹口述：「民國40（1951）年之前，貼、供、藏、掛用途的紙馬還可以見到，當時稱為『南華神媽』，焚的已經臺灣化了，通常祭拜神明的稱『燒金』，給往生者的或祭拜好兄弟稱『燒紙』。後來臺灣經濟轉好，普通人家就有神尊供奉，貼的、掛的都彩色印刷，連經符也機器印刷。」（張益銘，2006：46）

近三十年來，學者張益銘在田野訪查中，發現金銀紙在臺灣更誇大被使用著，用途至少就有十項，包括寶、貼、供、掛、焚、帶、藏、洗、吃、撒。（張益銘，2006：46）足見中國紙馬傳入臺灣後，隨著時間、社會、經濟等條件的影響下臺灣化了。根據耆老林天樹口述內容中所言「焚的已經臺灣化了」，哪方面臺灣化了？林氏並未對其進一步說明，我懷疑林氏口中的臺灣化其一便是經濟功利主義。臺灣人於傳統觀念上相當重視現世功利，而愛財與求財心態更為露骨。臺諺所謂「為錢生、為錢死、為錢走千里」，就是此一經濟功利主義的註

腳。當然這種功利慾同樣投射於臺灣民間宗教的善男信女行為上，常言道「有錢，使鬼會推磨」，這句話可為佐證。（董芳苑，1996：286）

可見臺灣人將經濟功利主義帶入信仰中，只是「新臺幣」無法在神界及鬼界流通，其通行的為「金紙錢」以及「銀紙錢」兩類，兩類合稱為「冥紙」。一般來說，金紙是燒給玉皇及諸神明的，銀紙則是燒給祖宗和鬼魂的。但是其間仍有很大的差別，其差別可從下表看出來：

表 2-3-1　金銀紙的種類

冥紙	金紙	盆金、大中小的天金、頂極	玉皇大帝、三官大帝
		壽金、福金、中金、刈金	諸神明
	銀紙	大銀（箔銀）	祖先
		小銀（透銀）	鬼魂
		金白錢、庫錢	

整理自李亦園，1986：129；董芳苑，1996：288

人類對神靈或超自然存在最基本的態度，不外乎認為神是善的或惡的；或者更嚴格一點說，認為神是能保佑給恩惠予人的或者是會懲罰作祟於人的。人認為神的懲罰作祟是無常的或者是因為人犯過、不遵守規則而引起的；同樣的，人也認為神的保佑賜福是無條件的或者是因為人的行為滿足了神的要求而帶來的。而有條件的保佑賜福又可分成以下兩個方面：（一）消極性的，也就是只要人虔誠服從，就可得到神的保佑。（二）積極的，也就是依賴人舉行各種儀式以祭神，才能得到神的恩惠。有些儀式是屬於巫術性的，其帶有強迫性地要求神靈給予人所希望要的東西；有些儀式則屬於祈求性的，祈求神的憐憫而賜福的。（李亦園，1986：10～11）

李丁文〈從「鬼月」談「拜牲醴及燒金紙」之意義〉中提到燒金紙的主要意義有二：第一，要表誠心及避邪氣。古時到處是樹林及竹林，陰氣較重，所以燒金紙避邪氣；另外燒金紙乃對神明表示以至誠

之心祈求神明保佑平安，而用純金表示絕無欺騙神明，像我的心就如真金不怕火煉一樣。第二，古「修行者」金錢的主要來源。因古時廟內並無拜斗、點光明燈、安太歲……等科儀的金錢收入，為了維持廟內的開銷，所以一年分春秋二祭，村人聽到爆竹聲，就前往山上去燒金，等人散火熄後再將金子挑出來賣錢過活。（李丁文，2006）但有時我們看到有些廟宇也在燒金紙，其作用不是避邪氣，其主要作用為：（一）幫陰神充電，就如電燈插電才會亮，而陽神不用燒金紙，其本身就可活動自如；（二）乃廟內神明具有同情心，把一些孤魂野鬼收留為陰兵陰將，所以才燒金紙作為充電的用途。根據學者李亦園提出人類對神靈或超自然存在的最基本態度，可知民間信仰「燒金紙」，主要建立在人普遍認為神是善的、可以保佑賜福及滿足人的行為，再加上「有錢，能使鬼推磨」的思想，當祭儀快結束前「燒金」、「燒紙」，此信仰行為帶有強迫性的要求神靈在「拿人錢，忠人之事」的觀念下，必須替他們完成其祈求之事；也有人以賄賂的觀點來看待此事，導致民間信仰裡有燒金越多越能獲得神靈的保佑的想法。這無疑是臺灣政治生態中「提錢來講」的心理投射，將神靈人格化、污名化了。（李亦園，1986）賴宗煒《紙錢在臺灣道教過關渡限儀式中之象徵意義及其功能》主要是從臺灣民間道教的過關儀式中來探討金銀紙錢在宗教儀式中的功能與其內在意涵，所以金銀紙錢的使用著重在儀式過程與神明交涉的內容以及如何與道教咒術的配合，並從文獻、經典、古籍中探討與過關儀式相關之金銀紙錢的用法與時機，再從人類學的角度切入，探究金銀紙錢的象徵與轉化的內在價值與意義。（賴宗煒，2007）施晶琳《臺南市金紙錢文化之研究》藉由田野調查，以保留較多傳統信仰習俗活動之臺南市為研究範圍，整理目前漢人對於紙錢的使用方法與習慣，以了解紙錢在漢人日常生活中所扮演的角色，並呈現人們如何透過紙錢的選擇使用將心中的祈願傳達於不同世界的神靈，以及如何在紙錢的顏色、使用排列、紙錢焚燒空間的區別上，實踐其所認知的神靈體系。同時，該文並紀錄目前臺南市所使用的兩種紙錢製作過程，以及所採集到的紙錢圖案印模。最後，藉由新

型式紙錢的出現以及紙錢種類的變化消長，並以霍布斯「被創造的傳統」的理論進而討論其背後所代表的信仰觀念、文化意涵的變化。（施晶琳，2004）

　　總結以上所說，金銀紙是神靈世界所流通的貨幣，就是生活於陽世的人為了對「萬物都有靈」有所求，與其連繫、溝通所焚燒的金銀紙錢，無論是信仰世界或現實世界，都充分反映人生真實面。（張益銘，2006：62）我們可以將祭儀中「燒金」、「燒紙」的行為，定義為人基於心靈的欲求和物質、精神的需要，藉由儀式及金銀紙，向不可知的神秘世界尋求安慰與期望。（同上，65）只不過各家說法還未能將金銀紙所涉及的經濟貨幣課題，連及倫理道德功能和審美性及其文化性一起講透，使得金銀紙在民俗信仰中的「中介」功能不見大為彰顯。而這種缺憾，正是本研究所要試為彌補的；並且也想將成果作成「融入語文教育」、「催生宗教教育」和「開啟宗教文化研究的新視野」等運用建議。

第三章 金銀紙上圖像與裝飾的意涵

第一節 金紙上圖像與裝飾的「祈福」意涵

　　前一章整理出目前臺灣民俗信仰中使用的金紙種類至少有四十八種。然而，目前與金紙相關的研究，並未提及到金紙上豐富圖飾的意涵。從上一章整理介紹的 48 種金紙中發現的圖飾有福祿壽三神、葫蘆、封誥型圖案、蓮花、卍、龍鳳、魁星等，我從民俗信仰中神像、佛像和圖飾所賦予的意涵來歸納論述。

一、福祿壽三神

　　臺灣人因受到漢人傳統社會追求功名利祿的深遠影響，始終以「五福」（富、貴、財、子、壽）的獲得為個人和家庭的最高理想。（董芳苑，2008：56）說福神可以子賜予各種福祉，先看「福」字。福的內容十分廣泛，古人說富貴壽考是福。又有五福說，古代典籍說五福是壽、富、康寧、攸好德、考終命。民間說五福是福、祿、壽、喜、財。（大喬，2008：3）因為民間認為福、祿、壽、喜、財為五福，因此將它們人格化，成為民間信仰中的祈福神：（一）福神：一般所謂的「福星」，應該和歲星有關，因為「歲星拱照」便能降福人間。只是這類「值年太歲」威嚴無比，不能得罪，一旦「太歲頭上動土」沖犯了祂，非但納福不成，還要去祭解消災。於是民間便另尋足以投靠又容易親近的理想「福神」，正是手持「加冠進祿」（或「加官進爵」）又戴文官帽的「天官」，也就是「三官大帝」（三界公）之首的「上元天官」。因為天官為高階的官員，俸祿又相當豐富，民間就相信「天

47

官賜福」，又可再賜「官祿」，因而成為「賜福財神」了。（董芳苑，2008：57）（二）祿神：我國的司祿之神是由星辰轉換來的，因此後世一直稱祂為「祿星」很少叫「祿神」或「司祿神」。祿星是真實存在的星，在《史記・天官書》：「文昌宮……六曰司祿」。（大喬，2008：5）後來「祿星」又被擬人化，並且被稱做「送子張仙」，從此「祿神」也就抱著一個小孩。（董芳苑，2008：57）（三）壽神：壽星本來是一組星（二十八宿中的東方七宿），指二十八宿中的角、亢兩星，《爾雅・釋天》：「壽星，角、亢也。」郭璞解釋說：「數起角亢，列宿之長，故曰壽。」或者指南極老人星，《史記・天官書》：「（西宮）狼比地有大星，曰南極老人。」（大喬，2008：11）因此，南極的「老人星」又被認同為主司壽命延長的「壽星」，民間加以擬人化的結果，就變成了「南極仙翁」。從此「南極仙翁」就成了「福如東海，壽比南山」的重要「壽星」。（董芳苑，2008：58）

二、葫蘆

因葫蘆藤蔓綿延，籽粒眾多，象徵家族繁茂子孫興盛。葫蘆據傳是神仙的法寶，如八仙中的李鐵拐，身背酒葫蘆，大家都認為葫蘆中的酒可以治百病，因此葫蘆充滿了神秘感。又「葫」音與「福」同，所以也用來表示「福到」的意思。因此，葫蘆具有收妖除邪、納福及生命綿延的意義，也用來象徵福氣到來。（康鍩錫，2007：141）

三、壽字、子字、財字、囍字

文字的表達，以詩詞歌賦更藉助其「意」在「形」外的藝術美感，此類題材不限於空間的使用區域，也不拘字數的多寡，一般多安置在接近觀者的視點所及範圍內，使觀者易於解讀，以達到提升精神層次、淨化性情品格的目的。（康鍩錫，2007：118）

四、回字花紋

回字花紋看起來像「雲」，雲上便是神界，神界的一天等於凡間的一年，因此，將「壽」字印於回字花紋內，為祈求福氣的意思。

五、囍字

「喜」字的解釋很多，如樂也、悅也、好也、愛也、福也、美也，幾乎納眾好於一身，民間以「喜」為五福之一。「喜」有「喜上眉梢」、「雙喜臨門」、「喜得連科」、「喜在眼前」、「喜元三報」、「喜從天降」的意喻。（康鍩錫，2007：120）

六、龍

在中國的神話與傳說中，是一種神異動物，具有蝦眼、鹿角、牛嘴、狗鼻、鯰鬚、獅鬃、蛇尾、魚鱗、鷹爪等九種動物合而為一的九不像的形象。前人分龍為四種：有鱗的稱為蛟龍，有翼的稱為應龍，有角的稱為虯龍，無角的稱為螭龍。還有一種說法是有兩角為龍，獨角為蛟，無角為螭，無腳為蠋。傳說中的人類始祖伏羲、女媧，都是龍身人首（或蛇身人首），又被稱為「龍祖」。華夏民族的先祖炎帝、黃帝，傳說中和龍都有密切的關係，《竹書記年》載「黃帝龍軒轅氏龍圖出河」，相傳炎帝為她的母親感應「神龍首」而生，死後化為赤龍。因而中國人自稱為「龍的傳人」。傳說龍能隱能顯，春風時登天，秋風時潛淵。又能興雲致雨。龍後成為皇權象徵，皇帝又稱為真龍天子，皇宮使用器物也以龍為裝飾。龍被中國先民作為祖神敬奉，普遍尊尚「龍」。中國民間流傳著許多關於龍的傳說。《山海經》記載，夏後啟、蓐收、句芒等都「乘兩龍」。另有書記「顓頊乘龍至四海」、「帝嚳春夏乘龍」等傳說。在中國，流行「耍龍燈」（「舞龍」、「龍燈舞」）

等風俗。最早時鳳凰由於五行屬火，因此被視為陽，代表雄性；而龍五行屬水，則被視為陰，代表雌性。後來由於龍的形象更為帝王所喜歡，因此改為以龍為陽，以鳳凰為陰。（維基百科，2010）

七、鳳

在遠古圖騰時代被視為神鳥而予以崇拜。它是原始社會人們想像中的保護神，經過形象的逐漸完美演化而來。它頭似錦雞、身如鴛鴦，有大鵬的翅膀、仙鶴的腿、鸚鵡的嘴、孔雀的尾。居百鳥之首，象徵美好與和平。（百度百科，2010）

八、天官

天官歷來的說法頗多有「天官起源於金氣」、「是元始天尊吸收天地靈氣所生的兒子——堯」和「天官的父親叫陳子壽，又名陳郎。龍王爺的三個閨女自願嫁給陳郎，各生了一個兒子，『俱是神通廣大，法力無邊』。元始天尊封老大為『上元一品九氣天官福紫微大帝』」。（林進源，2005）因此「天官」主司賜福，所以被認同為「福神」，用以祈求福祿及長壽。（董芳苑，2008：38）

九、封誥型圖案

古代皇帝使用的「聖旨」，象徵至高無上的權威。

十、五路財神

臺灣分為民間供俸的「財神」，可歸類為「文財神」、「五財神」、「土財神」和「偏財神」。（董芳苑，2008：288）其中，「文財神」和「武財神」屬於「五路財神」。「文財神」的組成是以「三官大帝」（三

界公）的第一位「天官財神」為首，再搭配「文比財神」、「武明財神」、「萬山財神」和「季倫財神」等合稱「五路財神」。（同上，288）臺灣民間的「武財神」以「關公」和「趙光明」（死後被封為「正一龍虎玄壇真君」，所以又叫「玄壇爺」）兩位為主（同上，289），其中「趙光明」的手下就是四位配祀的財神，分別為「招寶天尊」（蕭升）、「納珍天尊」（曹寶）、「招財使者」（陳九公）、「利市仙官」（姚少司）。祂們主司送祥納財，也有追逃捕亡的武功，所以合稱「五路財神」。（林進源：2005：308；董芳苑，2008：289～290；大喬，2008）

十一、註生娘娘

　　臺灣民間關於註生娘娘的傳說有兩則：第一，註生娘娘為武財神趙光明的妹妹。根據《封神榜》上的記載，「註生娘娘」的門徒雲霄，曾以產盆練成法寶，號稱「混元金斗」，和碧霄、瓊霄聯手幫助紂王抗拒周武王，陣亡後受封為「註生娘娘」，奉玉皇大帝金牒，專司人間生育之職。雲霄、碧霄和瓊霄三神合稱「三姑」，民間則以註生娘娘統稱。（林進源，2005：302）第二，註生娘娘是號稱「臨水夫人」的陳靖姑所演變的，也和安胎及安產的「三奶夫人」有關連。根據《臺灣縣志》的記載，「臨水夫人」名叫進姑（靖姑），是唐代福州人陳昌的女兒。少女時期學習巫術而精於驅邪和通靈，後來下嫁給劉姓丈夫。懷孕的時候，剛好遇到地方大旱災，她因此而脫胎祈雨而死，享年只有二十四歲。傳出她死後成為神，並且發願專司婦女生育和保護庇祐婦女安產，因此被奉為「註生娘娘」。（董芳苑，2008：303）民間俸祀「註生娘娘」的兩邊旁祀有「花公」與「花婆」，還有「分花童子」，以至號稱「婆祖母」的十二位婆祖（甚至也有三十六婆祖的配祀）。據說十二位婆祖母當中好壞各有六位，祂們各抱著嬰孩或以餵乳養育嬰孩。祂們有好壞分別的原因，主要是在表示兒女之間往往有賢能乖巧與冥頑不孝的分別，深具有宿命的意含。（林進源，2005：302；張益銘，2006：128；董芳苑，2008：303～304）「註生娘娘」

的神像經常左手拿婦女的生育簿，右手拿筆，據傳婦女生幾個兒子、幾個女兒，生育簿上都有記載。（林進源，2005：302～303）

十二、媽祖

「媽祖」的正式稱謂是「天上聖母」。相傳她五歲就精通《四書》和《五經》，十歲傾心佛法時誦《觀音經》，十五歲時玄通道士親自教授「玄微秘訣」使她學得了神通，十六歲時窺井而獲得「銅符」，從此成為幫助相人驅邪解厄的女巫。神通廣大的她在二十一歲時受縣吏的拜託向蒼天祈雨，結果解救歷時一年的旱災，二十三歲時施法壓制在湄州西北方桃花山上害人的「千里眼」和「順風耳」二鬼，並且收它們為侍從協助她救苦救難。善於游泳的她能預測氣象，所以天氣變壞就向湄州小島的漁民示警。一次隨父兄出海遇風，漁舟被巨浪吞沒，她在危急之中奮不顧身解救父兄脫險，在二十八歲那一年的九月九日重陽節，她辭別家人登上湄峰在仙樂嘹亮和仙童簇擁下升天而去。升天以後，傳說祂時常顯聖救助漁民和水手，善男信女們因此而為祂建廟供俸，也尊稱祂為「媽祖」。自古以來民間就盛傳有一位穿朱紅色衣衫的女神，時常騰雲駕霧遨遊於閩南海域和島嶼間救苦救難。尤其是戎克帆船或漁舟在海洋遭遇風險時，祂均以萬道紅光飛騰海上進行搭救，這就是所謂的「媽祖火」。（林進源，2005；大喬，2008；董芳苑，2008）

十三、觀世音菩薩

觀世音又名觀自在，簡稱觀音。觀音就是「內觀自在，十方圓明；外觀世音，尋生救苦，」觀世音能不以耳「聽」，而能用心「觀」見一切眾生苦難的聲音，進而濟度眾生，得以解脫，是祂大悲願力的展現，所以常稱唸觀音為「大慈大悲救苦救難觀世音菩薩」。（林進源，2007：134）根據佛教經典所示，「觀音」不只是一位，循音救苦眾生有各種化生，就如「六觀音說」（就是聖觀音、准提佛母觀音、千眼

千手觀音、如意輪觀音、十一面觀音與馬頭觀音等），及《法華經‧普門品》的「三十三觀音說」（本尊加上三十二種化身）。在臺灣民間常見的觀音有：聖觀音、准提佛母觀音、千手千眼觀音、南海普陀觀音、紫竹林觀音、魚籃觀音、甘露水觀音、慈航普渡觀音、送子觀音及鬼王大世觀音。（董芳苑，2008：401～402）

十四、蓮花

中國蓮花文的極盛時代，是從魏晉以後開始的，經歷了整個南北朝，到隋唐以後，又產生了新的變化。以河南新鄭出土，春秋時代後期青銅器「蹯螭文蓮鶴方壺」為例，壺蓋就是用蓮、鶴裝飾的，蓋上鑄接有兩重直立而瓣尖外侈的蓮瓣……這種以蓮瓣作為青銅器蓋裝飾的作法，在當時非常流行。後來蓮花文的盛行，和佛教傳入中國有關係。蓮花在民間也是吉祥的象徵。如「蓮生貴子圖」，就是取蓮房子多。另一方面則是蓮與連的諧音，而作為中國傳統的吉祥圖案。（全佛編輯部主編，2001：29～31）

十五、卍

卍字是隨著佛教的傳入而帶進中國，原是印度表示吉祥的標誌。卍字在漢人社會的意義，自古以來有很多種說法，有翻譯為「德」字，也有翻譯為「萬」字，表示功德圓滿的意思。古時候皇室官家用「卍」字像徵千秋萬代國祚永續，黎民百姓用「卍」字來祈盼子孫綿延，家族興旺。金紙上以「卍」字相連為成一圓，就是以連綿不覺的「吉祥語」帶來福氣。（康諾錫，2007：119）

十六、地基主

就是陽宅的「土地公」（「佛德正神」）。（董芳苑，2008：185）

十七、福德正神

土地公信仰最早源於古代的土地崇拜。最初的土地神——社神，與後來的土地神——土地公與土地婆，在信仰的本質上有很大的不同，後者的土地神神格極低，只管理某一區域，也作為村社的守護神，而古代的社神是全國性的神，神格較高。(林進源，2007：94) 按「土地公」的正式稱謂是「福德正神」，俗稱則有「土地公伯」、「福德爺」、「大伯爺」，在墓地者又稱「后土」。值得留意的是：「土地公」是個土地神祇的集體名稱，也是不同地域的大大小小土地神明的統一稱謂。就其功能言，也有祂們的大小官位及職責之分。傳統上凡具皇帝位格主神（如「保生大帝」及「玄天上帝」）所配祀的土地公均著文官帶判官帽，甚至擔任「境主公」這種類似警察局分局長的職務。而一般的「土地公」則被民間當作農業社會的五穀、六畜、漁業增產神、商業小財神，以至村落的守護神。(董芳苑，2008：185)

十八、八卦

《史記‧三皇紀》說「始畫八卦，以通神明之德」，這是八卦的由來。(康諾錫，2007：108)

十九、八路財神

指五路財神的東路武財神招寶天尊（蕭昇）、南路武財神納珍天尊（曹寶）、西路武財神招財使者（陳九公）、北路武財神利市先官（姚少司）、中路武財神迎祥納福（趙光明）或東南路大賭神韓信爺、西南路偏財神劉海、東北路金財神沈萬山、西北路文財神陶朱公。(美少女天使空行母俱樂部，2010)

二十、魁星

　　漢文化影像下的臺灣社會，有一句昔日「科舉制度」所留下來，而當今成為祝福文人學子金榜題名或狀元及地的佳句，叫做「獨佔鰲頭」的成語，便是直接和「魁星爺」信仰有關的吉祥話。（董芳苑，2008：89）它的由來起源於星宿的信仰。魁星爺就是二十八星宿的奎星，為北斗第一星。奎星被古人附會為主管文運的神祇，「奎星」也改為「魁星」，因「魁」與「奎」同音，並有「首」的意思。（林進源，2005：106～107）原來「魁星爺」並不是一尊英俊瀟灑的神格，祂的外貌被雕匠塑造成極為醜陋的形狀：鬼頭、麻臉、獠牙，像跛子一樣左右足翹起托著「北斗七星」，左足踏在一條龍頭魚身的「鰲」身上（「獨佔鰲頭」成語的由來）。並且右手持「筆」、左手提著一塊「金元寶」，藉以象徵文人學子一旦考試第一名（狀元及第），便有功名利祿的意思。（董芳苑，2008：89）

　　「魁星爺」的稱謂有：「大魁夫子」或「文魁夫子」（儒家的稱謂）、「大魁仙帝」或「綠衣帝君」（道教的稱謂）。而臺灣一般民間信仰幾稱呼祂為「魁星爺」或「魁星公」，祂的由來有二：（一）為北斗前四顆星「斗魁」的神格化，是典型的星座崇拜：北斗七星的前四顆星：天樞、天璇、天璣、天權，就叫做「斗魁」，便是廣義的「魁星」。而北斗的第四顆星「天權」則是「文曲星」，就是狹義的「文魁」，是主司科甲文章的星宿；（二）為人鬼傳說，將祂視為懷才不遇的一位投水自殺書生的神格化：「魁星爺」生前是一位每試必中的天才書生。只是他的四肢殘障，天生又是一副麻臉，為此主考官累次故意不予以錄取。經歷多次的打擊，只好走上自殺一途。就在投水自殺時，被一條龍首魚身的鰲救起來，並且被「玉皇大帝」敕封為「文魁」，以作文人的守護神。（董芳苑，2008：90）

　　以上二十種圖飾，是我整理金銀紙種類時發現的，並且逐一的從圖飾在臺灣民間所被賦予的意涵加以說明，可發現從「福祿壽三神」

的「福神：天官賜福；祿神：送子張仙；壽神：南極仙翁」、「葫蘆」具有「收妖除邪、納福及生命綿延的意義，也用來象徵福氣到來」、「喜」字為「民間五福之一」、「鳳」是「原始社會人們想像中的保護神居，百鳥之首」象徵「美好與和平」、「五路財神」則「主司送祥納財，也有追逃捕亡的武功」、「蓮花」為「民間吉祥的象徵」……到「文魁」為「文人的守護神」。不管是送子也好，象徵美好與和平也罷，這些都有一共同的交集，此一交集就是「祈福」。

第二節　銀紙上圖像與裝飾的「求平安」意涵

銀紙，是前一章提及三類（金紙、銀紙、紙錢）中數量最少的一類，而且也是圖飾最少的一類，和金紙與紙錢相較下，是最素樸的一種。從我整理出來的四種銀紙中發現財子壽三神和蓮花等二種圖飾，現在則從民俗信仰和植物、持物所賦予的意涵來歸納論述。

一、財子壽三神

如前節所述，臺灣人因受到漢人傳統社會追求功名利祿的深遠影響，始終以「五福」（富、貴、財、祿、壽）的獲得為個人和家庭的最高想望。說福神可以賜予各種福祉，先看「福」字。福的內容十分廣泛，古人說富貴壽考是福。又有五福說，古代典籍說五福是壽、富、康寧、攸好德、考終命。民間說五福是福、祿、壽、喜、財。因為民間認為福、祿（子）、壽、喜、財為五福，因此將它們人格化，成為民間信仰中的祈福神：（一）福神：一般所謂的「福星」，應該和歲星有關，因為「歲星拱照」便能降福人間。只是這類「值年太歲」威嚴無比，不能得罪，一旦「太歲頭上動土」沖犯了祂，非但納福不成，還要去祭解消災。於是民間便另尋足以投靠又容易親近的理想「福神」，正是手持「加冠進祿」（或「加官進爵」）又戴文官帽的「天官」，也就是「三官大帝」（三界公）之首的「上元天官」。因為天官為高階的官員，俸祿又

相當豐富，民間就相信「天官賜福」，又可再賜「官祿」，因而成為「賜福財神」了。（二）祿神：我國的司祿之神是由星辰轉換來的，因此後世一直稱祂為「祿星」很少叫「祿神」或「司祿神」。祿星是真實存在的星。後來「祿星」又被擬人化，並且被稱做「送子張仙」，從此「祿神」也就抱著一個小孩。因其送子的形象，故又稱做「子神」(3)壽神：壽星本來是一組星（二十八宿中的東方七宿），指二十八宿中的角、亢兩星，或者指南極老人星。因此，南極的「老人星」，又被認同為主司壽命延長的「壽星」，民間加以擬人化的結果，就變成了「南極仙翁」。從此「南極仙翁」就成了「福如東海，壽比南山」的重要「壽星」。

二、蓮花

蓮花與極樂世界的關係尤其深刻。極樂世界又稱「蓮邦」，因為彼土眾生都是從蓮花中化生，所以為蓮邦。在《阿彌陀經疏鈔》卷二中說：「蓮華者，乃御凡殼之玄宮，安慧命之神宅，往詣之國，號曰蓮邦。」《觀無量壽經》中，阿彌陀佛及觀音、勢至等菩薩，作寶蓮華，在人臨命終時，手持蓮花臺來接引眾生，往生極樂國土。如：「彼行者命欲終時，阿彌陀佛及觀音並勢至與諸眷屬，持金蓮華，化作五百化佛，來迎此人。」「行者臨命終時，阿彌陀佛與諸比丘眷屬圍繞……行者見己心大歡喜，自見己身，坐蓮花臺，長跪合掌，為佛作禮，未舉頭頃，即得往生極樂世界，蓮花尋開。」以蓮花的開花時間，作為行者所積福得資糧的多少來決定見佛時間，如上品上生者，蓮花經宿即開；上品中生、下生者，蓮花一日一夜乃開；中品上生者，蓮花尋開；中品中生者，七日蓮花乃敷；下品上生者，經七七日，蓮花乃敷；下品中生者，蓮花經六劫而開；下品下生者，蓮花滿十二大劫方開。（全佛編輯部主編，2001：69～71）

極樂淨土中內外左右有許多浴池，有的十由旬，有的二十、三十乃至百千由旬，池中有八功德水（具有清淨潤澤、不臭、輕、冷、軟、美、飲時調適、飲已無患），水湛然盈滿，清淨香潔，為到甘甜如甘露

一般。據《阿彌陀經》中記載，西方極樂淨土中的蓮花長於七寶（金、銀、瑠璃、玻璃、硨磲、赤珠、瑪瑙）池中，用八功德水栽植，花大如車輪，有青、黃、赤、白等種種不同顏色，微妙香潔。在經典中並說，往生極樂世界者，隨一生所造業，可分成九種次第（上品上生——金鋼寶臺接引、上品中生——紫金蓮花臺接引、上品下生——金色蓮花接引、中品上生——蓮花臺接引、中品中生——七寶蓮花接引、下品上生——化佛接引、下品下生——金色蓮花接引）往生，又稱為九品化身，就是於蓮花之中化生。往生品位依對實相智慧體悟程度而定，有的不能淨信，倘若只是光淨信，種植善根修種善業，這只能往生極樂世界邊陲的宮殿而已。如果對佛法堅信不移，願行具足，就能隨順九品行業，各化生於蓮花，渡往佛國蓮邦。（全佛編輯部主編，2001：71～73）

　　以上兩種圖飾，是我整理金銀紙種類時發現素樸的銀紙上少有的圖飾，並從臺灣民間信仰以及佛教信仰對二者所賦予的意涵加以論說，可以發現銀紙上印有財子壽三神主要是向上天祈求財富、子孫和壽命。然而，祈求財富、子孫和壽命的前提必須平安；而蓮花主要是想替自己以及家人修種善業，死後渡往佛國勝境。然而，要修種善業的前提必須要一切平安，才有餘力去修種善業。由此可知，財子壽三神的「祈求財富、子孫和壽命」以及蓮花的「修種善業」有一貫穿的主軸，此主軸便是「求平安」。

第三節　紙錢上圖像與裝飾的「超渡」意涵

　　前一章從張益銘《金銀紙的秘密》及張懿仁《金銀紙的藝術》中整理出二十種紙錢，上面的圖飾的豐富度與金紙相較不相上下。從上一章整理出紙錢上的圖飾有八仙綵、觀世音菩薩三寶印、佛法僧三寶印、花公花婆、花瓶、火神、山神（五嶽大帝）、三官大帝、太陽和太陰（月亮）、往生咒文、極樂世界和壽桃等十二種圖飾，現在我選擇較具意義的七種而從民間信仰中神像、佛像和圖飾所賦予的意涵來歸納論述。

一、八仙綵

「八仙綵」上有九位仙人，就是家喻戶曉的壽星南極仙翁和八仙呂洞賓、何仙姑、韓湘子、曹國舅、鍾離權、張果老、李鐵拐、藍采和等，每位均乘坐騎，手上或持寶物，都有童子相隨，神態愉悅，笑談聲中前往瑤池赴宴。（康鍩錫，2007：162）八仙代表道教長生不死的信仰，目的在於凸顯道教所懷抱的偉大理想。那就是八位仙人真正象徵著八種社會階級的人士，也就是作為「浪人」的鍾離權修道也會做仙；作為「道家」的呂洞賓修道也會做仙；作為「儒家」的張果老修道也會做仙；作為「貴族」的曹國舅修道也一樣做仙；作為「書生」的韓湘子修道也可以做仙；身為「婦」的何仙姑修道也可做仙；身為「乞丐」的李鐵拐修道便可做仙；甚至是「兒童」的藍采和修道也一樣同登仙班。（董芳苑，2008：146～147）它寓有「蟠桃赴會」、「瑤池集慶」和「群仙祝壽」等意涵，都跟壽誕祈祥納福有關（康鍩錫，2007：162），也象徵著吉祥與喜氣、鎮宅與制煞。（董芳苑，2008：148）

二、佛法僧三寶印

上面刻有「佛」、「法」、「僧」及「寶」等四字。佛法僧寶所代表的是佛教崇拜的最高境界，佛教應用最廣泛普遍的法印，申制章奏，發遣符貼，煉渡亡魂，發送野鬼，開幽啟明。（靈符燒化江河海毫光顯現照天開一道靈符鎮乾坤千妖萬邪不敢進吾壇門，2010）

三、花公花婆

傳統臺灣的漢人社會，因深受儒家宗法本位的家庭主義所影響，不但崇拜男性中心的家庭制度，自然也強調傳宗接代的重要性。古人說「不孝有三，無後為大」，是最佳的註解。而「花公」與「花婆」在

臺灣民間的神聖職務，就是為那些不孕的婦女「栽花」，又為那些偏偏胎胎生女孩卻生不出男孩的婦女「換斗」（女胎轉為男胎）。依據《荊楚歲時記》的說明，其來源與古代「花神」的信仰有關。「花公」是保護樹欉的神，而樹欉象徵男性，所以凡是身體衰弱的男性就得向祂求助，祂的造型作慈祥的老人狀，右手持著纏以紅紗的拐杖，左手持著澆花的水桶，旁邊站立著一位「負鋤花童」。「花婆」是守護花欉的神，而花欉代表女性，婦女如果久婚不孕就必須求助於祂，祂的造型則是個手拿掃把及澆花器具的老阿婆，旁邊站立著一位「提籃花童」。如前所提，「花公」與「花婆」的神聖任務是協助久婚不孕的婦女懷孕生子，為累次都生女孩的婦女轉胎生男。（整理自董芳苑，2008：308～310）

四、火神

火德星君就是民間俗信的火神。傳說中的火神有好幾位，其中以祝融、燧人氏及回祿（吳回）最出名。此外，還有一個專門管理火種的小火神閼伯。祝融氏就是赤帝，為上古三皇之一，曾幫助黃帝擊敗回祿。因祝融氏曾教導人民使用火，驅走野獸與鑄造金屬品，因而被尊稱為火神。而被視為火神的「祝融」可以成熟萬物，但一旦失控，成為「祝融肆虐」，可就禍害無窮了。燧人氏俗稱「赤精子」，因發明鑽木取火而成名。相傳他出生在石唐山的陽邊，皮膚、頭髮、鬍鬚都是紅色的，傳說他是掌管用火的神祇。而至於「回祿」成為火神的由來則不得而知。只知「回祿」是古代傳說的火神名，如《左傳·昭十八年》：「襛火于玄冥、回祿」，成語「回祿之災」就是火災。至於閼伯，傳說是原始社會五帝中帝嚳的長子，專司管理火種，稱為「火正」。（林進源，2005：116～117）

五、山神（五嶽大帝）

五嶽神，源於古人自然崇拜中的山川崇拜。依《封神榜》的說法，五嶽大帝就是東嶽泰山齊天仁聖大帝、南嶽衡山司天昭聖大帝、北嶽

桓山安天玄聖大帝、西嶽華山今天順聖大帝及中嶽嵩山中天崇聖大帝等。在臺灣以東嶽大帝最受敬奉，也就是東嶽泰山齊天仁聖大帝。泰山被人神化後，被認為是天帝的孫子，能「主召人的魂魄」，因為「東方，萬物始成，知人生命的長短」；後來成了「泰山府軍」，並統領「群神五千九百人，主治生死，百鬼之師也。」這時的泰山神已儼然成為陰曹地府的最高主管。（林進源，2005：98～99）因居於陰陽兩洞，所以職掌人間的「福、祿、壽」，以及在地府指揮「十殿閻羅王」貶惡懲奸審判亡靈。凡是惡者亡靈以地府的「十八重地獄」嚴懲，善者亡靈可使其轉化為神仙。（董芳苑，2008：195）

六、三官大帝

　　「三官大帝」又稱「三元大帝」，俗稱「三界公」。其神格在道教中僅次於玉皇大帝，職掌與百姓利害攸關，主司人間善惡功過的登錄，並握有賜福降禍的生殺大權。有關祂的歷來說法頗多。一種說法，三官起源於金、水、土三氣。認為天氣主生，地氣主成，水氣主化，而將金、土、水配以天、地、水三氣，「用司於三界」而為三官。另一說法，三官是原始天尊吸收天地靈氣，所生的三個兒子，這三子就是堯、舜、禹。（林進源，2005：92；大喬，2008：123～124）道教宣稱三官能為人賜福、赦罪、解厄，就是天官賜福、地官赦罪、水官解厄。（林進源，2005：93；董芳苑，2008）

七、太陽與太陰（月亮）

　　在古人的心目中，「太陽」的天上最大的物體。對缺乏天文知識的古人來說，太陽無礙是宇宙的中心，賜予人類光明和熱能。萬能得以安存，是不可能「暗無天日」的，因而崇拜太陽公公，視為神明而加以祭禱，也是很自然的事了。（林進源，2005：108）臺灣宗教人習慣稱呼「太陽星君」為「太陽公」，又將祂看作是賦予四季農作物以

及六畜生命力的天神。傳說遠自帝堯時代官方已有「春分」祭日及「秋分」餞月的儀禮。明代章潢的《圖書編》所撰的「朝日祝文」，又言及歷代官方稱呼太陽為「大明之神」，因祂是「陽精之宗、列神之首」。據說這位太陽神就是「炎帝」。道教的《老子歷藏中經》更以人鬼方式言及太陽神的名字叫張表，字長史。民間的一首唸歌《太陽星君真經》，更有「天上無我無盡夜，地上無我少收成」的說辭，而且神話連篇，在在凸顯了太陽對於人間的重要性。（董芳苑，2008：43～44）民間傳說中的太陽星君，位於東方第十層的天上，主司日的運轉，賜予大地光明，使萬物資生不息。相傳太陽本來是一個天生的醜男子，因不願世人看清祂的臉孔，所以誰看祂就要用針刺他的眼睛。又傳說太陽本來拿著一支刀，看到月亮帶著數支針，後來互相交換，太陽才有針可以刺入。（林進源，2005：108～109）

對於月亮，臺灣的宗教人稱「太陰娘娘」為「月娘媽」，前引《圖書編》裡有一篇〈夕月祝文〉則以「夜明之神」來稱呼祂，視其為「鍾陰之經，配陽之德」，官方也以「秋分」來加以祭祀。道教的《老子歷藏中經》同樣以擬人方式言及祂的名字是文申，字子光，而民間更進一步的認同古代奔月卻一去不返的嫦娥這位絕代美人，便是那位號稱「太陰娘娘」的「月娘媽」。而臺灣民間向來就以「月娘媽」為文人與婦女的守護神，因此在祂的誕辰日都有文人的「猜燈謎」以及婦女的「求嗣」和少女的「聽香」活動。根據民間一首唸歌〈太陰星君真經〉所言，「月娘媽」又多了一個增壽及超渡亡靈的任務。（董芳苑，2008：44～45）

以上七種圖飾，是我整理金銀紙種類時發現紙錢上所印制的，從臺灣民間信仰以及佛教信仰對這些圖飾所賦予的意涵，可發現八仙綵的「鎮家與制煞」、佛法僧的「煉渡亡魂」、花公花婆的「栽花和換斗」、山神的「凡是惡者亡靈以地府的「十八重地獄」嚴懲，善者亡靈可使其轉化為神仙」、三官大帝的「天官賜福、地官赦罪、水官解厄」以及太陽和月亮的「超渡亡靈」。上面的圖飾在臺灣民間信仰以及佛教信仰中被賦予了「超渡」的意涵。

第四章　金銀紙的貨幣課題

第一節　從橫行人間的偽鈔現象看金銀紙的真偽

　　古往今來，幾乎所有的人都淪為了金錢的奴隸，所有的人終身營營役役，都是被金錢所驅使而迷失了自己的本性。即使有些人高風亮節視錢如糞土，但他也一定要接受這個社會最基本的法則——如果他沒有錢，就必須忍受世人的白眼與譏嘲，高風亮節當不了錢花！（霧滿攔江，2010：23）因此，從有信用貨幣的制度產生後，人將錢視為萬能，為了多掙點錢，常常將「高風亮節」四字拋諸腦後，此現象嚴重到連四民之首的「士」，也汲汲營營的向四民之末的「商」看齊。

　　在談「信用貨幣」之前，我們應先來認識「貨幣」。為了解決物物交換制度所面臨的缺失，如果我們選擇一大眾廣泛接受且具有耐久性的物品來充當交換媒介、記賬單位和保值的工具，則這種堪稱為貨幣的東西，將能克服上述所提及的困難，它在經濟體系中扮演交換媒介、價值標準及價值儲藏的功能。（李榮謙，2003：6）「信用貨幣」並非最早的貨幣制度，在它之前的貨幣制度為「商品貨幣」或稱「實體貨幣」，為早期人類社會所流通的貨幣型態，意指其真正的價值或作為商品用途的價值，大致等於作為交易或貨幣的價值。（同上，9）身為世界上最早使用貨幣的國家之一的中國也經過此時期——中國最早的貨幣是海貝。貝產生於中國南方海域中，對於北方的夏、商、周族來說，它是一種外來品。在商品交換的早期，貝殼由於自身獨立成塊的特點，使它成為天然的計算單位，充當了貨幣。由於真貝不多，人們就用了仿製品，比如蚌殼、軟石和獸骨等材料來仿製。（江波等編，2001：11）由此可知，中國偽鈔的現象遠在「實體貨幣」時期就

已經出現。然而,「實體貨幣」時期,對於貨幣的形式並無一定的規範,所以在當時並不能稱它為「偽幣」,但倘若從現今的經濟社會來論,將它稱為「偽幣」並不為過。到了春秋時期,隨著青銅製造業的發展,出現了用青銅仿貝殼形態製成的銅貝,這就表明了貨幣進入了金屬鑄幣階段,只是當時鑄幣技術欠佳,錢幣顯得粗糙,而且又大又笨拙難以攜帶。隨著生產力的提高和發展,錢幣逐漸演變成輕巧、精美的方孔圓錢。(同上,11～12)

因此,人類在交易時,將金屬視為僅次於食物的珍貴物品。在所有可能用來作為貨幣的物品中,金屬最具為實用,而且金屬的價值在時間上保持得最長遠,地域範圍也最廣闊。因為金屬的品質長久不變,而在所有金屬中黃金始終被普遍認為最具有價值的一種。(李榮謙,2003:9～10)至於決定黃金價值的高低,則在於它的純度是否夠純和是否夠重量。而此純度說,進而影響金銀紙真偽的判定。如在我對臺東市中華路二段某金紙店老闆的訪談中的一段對話得知,金銀紙真假的判斷在於紙上的「箔仔」(金箔和銀紙)的純度純不純,「箔仔」的純度不純,就是假的金銀紙;「箔仔」的純度夠純的話,就是真的金銀紙。(訪 A 摘 2011.2.28)

對於該老闆用來判斷以及區分金銀紙真偽的說法,我抱持著懷疑的態度。因為倘若是以金銀紙上「箔仔」的純度來判斷真假的話,那「箔仔」的成分勢必為黃金,如果是這樣,那麼每份金銀紙販售的價格勢必不低,而非現在販售的價格每份一百或一百五十元便能購得的祭祀品;倘若從物理學的角度來判斷,此說法也不合理,主要是因為黃金的熔點高,而非一般廟宇或家裏拜拜焚燒紙錢的金爐所能熔。假使從以上兩個角度判斷此種說法,顯然是不足採信的。而這種說法,也出現在我對屏東潘姓法師進行訪談的對話中。以下是法師對金銀紙上「箔仔」的說法:

> 早期金銀紙上的「箔仔」,是用真正的金,它的純度不一定純,但至少也是比較不好的金。(訪 B 摘 2011.3.10)

對此，我深入詢問，倘若是用影印的方式將「箔仔」印在紙上，那這樣是不是就變成偽金紙了？法師表示：

> 這樣算是假錢，但嚴格說來也不能說是假的。因為它是算用鍍的方式，鍍在紙上，所以應該算是銀。所以我們在祭拜的時候，不能說「燒金」，應該要說「燒銀」，但如果說它跟金相比，當然是假的。（訪 B 摘 2011.3.10）

到了「信用貨幣」時期，「信用貨幣」可分為紙幣及硬幣和支票。在各國政府獨自發型紙幣之後，旋即為了充裕本身的貴金屬，一方面透過強制手段禁止民眾握有貴金屬，另一方面則切斷紙幣與貴金屬的可兌換關係，此時的紙幣乃稱為不可兌換紙幣；又因為其流通端賴政府任意的命令，因此又稱為命令貨幣。然而，在紙幣發明之前。當然先要有紙張與印刷術。紙張的發明與造紙技術的散播不比金屬，金屬技術在人類歷史中起步較晚。古代地中海人用羊皮製的紙張紀錄資料；希臘與羅馬帝國時代，中國曾自埃及進口草紙作為簡單書寫的媒介，但用來製作紙幣則不夠結實。而中國早在唐朝就有紙幣的使用，而且至今仍存有的使用紙幣的圖畫史料；現在只剩那個時代的真正紙幣樣本尚未發現。（魏勒福特〔J. Weatherford〕，1998：145）

> 馬可波羅在十三世紀東遊亞洲時經歷的奇風異俗，大概沒有比製造紙幣並強制通行的國家威權更令他驚異的了。中國官吏使用桑樹皮製造紙幣，只要蓋上皇帝的朱紅色璽印，這些鈔票就具有黃錢和白銀的價值。中國紙幣可以大如餐巾，一張面值一千銅錢的紙幣寬有九吋，長達十三吋。雖然大得驚人，這種紙幣的重量卻極輕微，因此比銅幣要進步太多，因為一千張紙鈔重量大約是八磅重。（魏勒福特，1998：145～146）

由上文可推知，除了造紙和印刷術最早源於中國，連紙幣也發源於中國，它是有歷史脈絡可尋的。早在東漢（公元 1、2 世紀）時，蔡倫用桑樹皮造出中國第一張紙；中國印刷術的發明，最早可由古代印章

及石碑談起。中國古代時期就有將文字刻於石上的記錄。石刻的起源甚早，秦朝時便有在石鼓上刻詩句的記錄。到了隋唐之際，由於社會文化經濟的需求，發明了雕版印刷；而到了北宋慶曆年間畢昇發明了活字版印刷術，也是世界上最早的活字印刷，比德國古騰堡發明的活字印刷術還早四百年。由此可看出中國的印刷術在北宋以前遙遙領先歐美國家至少有四百年的先進技術。（國立科學工藝博物館，2010）

　　紙幣，現今稱它為「鈔票」。會有這樣的演變，並非空穴來風，而是有一段歷史淵源的。其來由如下：

> 清王朝有鑒於明朝發行紙鈔所產生的種種弊端，長期以來只行錢幣，不行鈔票，基本上是銀兩（銀錠）與銅幣（制錢）並用。銅幣由官方鑄造，銀兩（銀錠）則官私均有鑄造。到1853年（咸豐3年），因爆發太平天國革命，清朝政府四處徵兵，一時所需軍費突增，政府籌措軍費無術，遂決定發行以「銀兩」為單位的「戶部官票」，和以「制錢」為單位的「大清寶鈔」，以作應急之用。由於清政府所發行的大清寶鈔和戶部官票，發行時沒有安排準備金，官方更是只放不收，周而復始，商人在「戶部官票」和「大清寶鈔」兌不到現銀的情況下拒絕使用，這兩種貨幣的發行因而受阻。後來清王朝只好允許商民把這兩種貨幣跟銀兩搭配使用。到了1860年（咸豐10年），寶鈔和官票在流通時的市值已跌至只有面值百分之二點五左右，形同廢紙。在百姓拒用的情況下，清王朝只好在年底（清咸豐15年底）停止發行這種貨幣。人們將「寶鈔」和「官票」的後兩字合併成為「鈔票」，這就是「鈔票」一詞的由來，並沿用至今。（池振南，2010：2～3）

　　到了清末，經過中法戰爭、中日甲午戰爭和八國聯軍三次軍事慘敗，喪權辱國，割地賠款，簽訂大批不平等條約，形成被列強瓜分之勢。外國銀行及其貨幣也隨著大肆入侵，壟斷金融市場，把持外貿和商品市場。中國的舊式金融業無力抗衡，反而成為外國銀行向內地滲

透的工具。經過洋務運動、變法維新和救亡圖存，中國的官營、私營工商業逐漸興起，亟需金融支持。於是創設了官商合辦的中國通商銀行與第一國家銀行戶部銀行。光緒 30 年（西元 1904 年），戶部頒發了《試辦銀行章程》，其中第 20～23 條對發票作了詳明規定。到了光緒 34 年（西元 1908 年）元月，戶部銀行改為大清銀行，頒布《大清銀行則例》24 條，明確有鈔票發行權及鈔票要求。在此前後，清廷頒發多種規章，統一發行權，控制與管理紙幣流通，如取消放任政策，發行集權中央，規定發行準備及其他管理條款，為民國以後發行鈔票打下基礎。到民國初年，這些鈔票均大打折扣，甚至沒人要，有的官錢局關閉，有的則改組為省地方銀行，另外發行省地方紙幣。到 30 年代，曾制定辦法加以取締或改組。抗戰期間因實際需要，距戰區近的仍繼續發行紙幣，防止法幣被敵偽套匯。直到 40 年代，西北邊陲地區仍繼續行用地方紙幣。（郭彥崗，1994：119～121）早在陽間發明紙鈔之前，陰間早就有一套紙鈔的運轉模式，以及監製和傳統仿偽的方式，替陰間流通的貨幣──金銀紙，進行把關，其對金銀紙的真偽自有一套辨別的方式。如以下的訪談對話中所述：這次訪談的對象是我的舅舅，他對民俗文化方面有相當的研究，也常常幫他人處理法事。他表示：

> 金銀紙有真鈔也有假鈔，真假的判斷在於是否經過認證。第一，金銀紙上面的用印，是否經過上面（此指三官大帝，是位階僅次於玉皇大帝的神祇）的認證，倘若用印經過三官大帝的認證，被蓋上此印的金銀紙便是真的；倘若用印沒經過上面的認證，蓋上此印的金銀紙便是假的。第二，是否經過一定的儀式，而其實行此儀式的靈媒是否經過認證，這也會影響到金銀紙到陰間是否能為其接受的另一個原因。（訪 C 摘 2011.3.12）

由此可知，金銀紙除了是我國最早出現的紙鈔，也是最早一套嚴謹的貨幣制度。然而，祂們是透過何種認證方式或者是何種防偽幾制來辨別金銀紙的真偽，是目前還無法得知的答案。如果將此現象與目前陽間各國在市面上所流通的紙幣和硬幣相比較，它們都屬於命令貨

幣的範疇，由於政府（此指陰界的三官大帝和陽界各國的財政機關）賦予它強制流通的能力，而且規定人民（在陰界為鬼神，在陽界為各國國民）繳納租稅及債權債務的清償以此為憑，因此又可稱為「法定貨幣」。（李榮謙，2003：13）

隨著時序進入 21 世紀，一套新興的貨幣制度因需求而產生，稱為「塑膠貨幣」。1960 年代以來，各國使用的交換媒介已經演進至「塑膠貨幣」的階段。一般所稱的塑膠貨幣可簡單分為提款卡、簽賬卡、信用卡及轉賬卡四種。因此，四種塑膠貨幣的誕生，進而影響到市面上新式金銀紙的產生，如信用卡。比信用卡更早期，還出現想燒多少錢給祖先，便填上多少金額即可的「支票」紙錢。這種顛覆傳統金銀紙的新式紙錢，除了因時代的進步產生外，不外乎也受近來環保團體倡導的「金紙減量」或「拜拜免燒金，心誠則靈」的思想影響所產生的一種商業行為。然而，焚燒新式的紙錢是否也與焚燒傳統紙錢的功用擁有相同的功效？對此一問題，我分別訪談三個對象，分別為乩童、法師以及我舅舅。他們都一致的表示：

> 焚燒信用卡、美金、支票等新式的紙錢，在陰間的神靈與祖先，無法收到。這些新式的紙錢，都是商人為了謀取商業利益而發明製造產生的。（訪 D 摘 2011.3.3；訪 B 摘 2011.3.10；訪 C 摘 2011.3.12）

從以上的談論中，可發現近來一些因時代需求而產生的新式紙錢，或許符合陽界時代的需求，但不見得有經過三官大帝的認證核可。因此，這或許是另一種「偽鈔」。

第二節　以舊臺幣兌換新臺幣事件論靈界金銀紙幣值的改革

每個國家進行幣制改革，勢必都是正經歷或者已經歷一個重大的事件，大部分發生於改朝換代以及通貨膨脹時。在春秋戰國時期，是

中國古代社會經濟急遽變動的時代，也是中國貨幣經濟飛速發展至確立的時期。這時金屬鑄幣流通的範圍擴大了，並形成了不同的貨幣流通區域：北方的布幣區；濱海齊國為中心的刀幣區和南方楚國的蟻鼻錢區域。隨著經濟的發展，原來不同的金屬鑄幣流通區域逐漸突破。秦滅六國統一全國後，秦國的圓形方孔的「半兩」環錢，也就成為全國統一的法定鑄幣形式。漢代因襲秦制，仍以黃金製幣為上幣，銅幣為下幣。但錢制一改再改，漢武帝時統一了全國的銅幣鑄造，建立了五銖錢制度，繼而唐開元通寶的誕生，更使中國貨幣歷史的發展進入了一個新階段。（江波等編，2001：12）到了西元 1273 年，元世祖忽必烈為了管理中國歷史上最大的帝國，便發行了一組新的政府資援並管制的紙幣。為了執行其流通，他運用了任何政府為支持貨幣必須採行的主要措施：

> 只以紙幣付錢，並強迫任何人都必須接受紙幣付款，否則加以嚴懲。為確保政府以外的社會各界也一律使用紙幣，中國官方沒收所有老百姓的黃金與白銀，然後發紙幣給他們。（魏勒福特，1998：146）

除此之外，也要求來自海外的商人，必須將他們身上的黃金與珠寶交出來，並按官方制定的價格發給他們紙幣。

　　歷經了明朝與清朝都有幣值的改革。時序進入民國初年，南京臨時政府發行「中華民國臨時政府軍票」和多種辛亥革命前的籌餉票券。在此期間，有些省也發行軍用票和地方紙幣。民國 13 年（西元 1924 年），孫中山親自規畫在廣州設立中央銀行，發行中央銀行鈔票，現金準備六成以上。西元 1926 年，北筏軍規復湘鄂，在武漢設漢口中央銀行，次年（西元 1927 年）6 月發行印有漢口字樣的中央銀行兌換卷。民國 17 年（西元 1928 年），國民政府在南京設立中央銀行，頒布《中央銀行法》，修正民國初期的國幣條例，先後頒發一系列有關金融管理、幣制和發行鈔票的政策、制度和規章，逐步鞏固提高中央銀行壟斷金融、集中發行的能力。到了西元 1933 年 3 月，實行廢

兩改元，從此廢除以銀兩交易計價計帳，一律改用銀元，規定此後凡用銀兩交易後收付的無法律效力，原有銀兩往來，規定按上海規元折合成銀元入帳。這樣，雖未明確規定，事實上已正式推行銀元本位制。民國 24 年（西元 1935 年）11 月實行法幣政策，明令以中央、中國、交通、中國農民四個國家銀行的鈔票為法定國幣，其他公私銀行組織從此一律不准發行鈔票，實際上是實行了紙幣本位。最後到了西元 1942 年，取消中國、交通與中國農民三行的發鈔權，全部集中統一由中央銀行發行，完成了貨幣高度集中統一的政策要求。（郭彥崗，1994：121～125）以上是中國經歷改朝換代時對前朝的貨幣政策作一番改制兌換的幣值改革。然而，隨著陽界朝代不斷的更迭，陰間的朝代勢必也經歷過改朝異代幣值的改革時代吧！然而，事實卻不是如此。根據接受訪談的法師表示：

> 陰界並沒有像臺灣一樣經歷過舊臺幣換新臺幣的時期；倘若要幣制改革，必須等到陰間改朝換代的時候。（訪 A 摘 2010.10.2）

由上面訪談的內容得知，在陽間經歷過數次的幣制改革，而陰間卻仍舊在同一朝代。或許是跟氣化觀型文化系統重人倫以及強調和諧自然有關，待第七章再詳加論述。在陰間神明的領導相當鞏固，難以撼動。

西元 1945 年抗戰勝利，四行（中央銀行、中國銀行、交通銀行和中國農民銀行）共同接受和整頓敵偽組織發行的各種鈔卷。從抗戰後期起，鈔票發行越來越濫，引起嚴重貶值。法幣發行已達天文數字，物價飛漲。（郭彥崗，1994：125）此時中國通貨膨脹的原因：

> 第二次世界大戰日本戰敗，1945 年（民國 34 年）10 月 25 日臺灣光復，光復初期臺灣面臨著惡性通貨膨脹，其原因可分為外在的因素與內在的因素兩方面。就外在因素而言，國民政府在對日抗戰期間，中國大陸通貨膨漲已相當嚴重，自民國 35 年起，通貨膨脹又告擡頭。因政治、軍事形勢動盪，國民政府

財政支出主要需賴發行紙幣，中國大陸終至發生惡性通貨膨脹。此重惡性的通貨膨脹，不斷地輸入臺灣，成為臺灣通貨膨脹的外在因素。就內在原因而言，臺灣在光復前的戰爭時期，因生產設備遭受嚴重損失，生產銳減，資本累積缺乏，戰後重建須籌措大量的資金亦賴發行通貨方式。民國 37 年至 38 年，大陸各地相繼撤守，軍政機關遷臺，軍事費用墊款增加。因需求突然增加，財政刺字龐大，而釀成惡性通貨膨脹。民國 35 年 11 月至民國 38 年 6 月期間，臺北市躉售物價竟上漲達 1182 倍。（余森林，2010）

西元 1948 年實行幣制改革，廢除法幣，改發金圓券；不到一年，又發生通貨膨脹，金圓券的面值有高達 60 億元的。（郭彥崗，1994：125）

此時國民黨政府由於大量印發法幣，所引發的通貨膨脹已到了經濟崩潰的邊緣。1948 年 8 月 19 日，國民政府向全國頒布了「財政經濟緊急處分令」，宣布廢除法幣券、關金券和東北九省流通券，於 8 月 23 日開始，發行以金元（圓）為本位的金元（圓）券，規定一金元券的法定含金率為 0.22217 克，發行現額為 20 億元，百姓手上的法幣、關金、東北九省流通券都必須在 1948 年 11 月 20 日前兌換成金元（圓）券，兌率如下：金元券 1 元：法幣 300 萬元：關金 15 萬元：東北九省流通券 30 萬元。同時，百姓手中也不能持有黃金、白銀、銀元和外幣，這些「硬通貨」必須在 1948 年 9 月 30 日前全部兌換成金元（圓）券。（池振南，2010：90）

不管是西元 1945 年的第一次幣制改革也好，還是西元 1948 年的第二次幣制改革也罷，所造成通貨膨脹的原因主要都歸因於戰爭。然而，通貨膨脹發生的原因還有：（一）從國際收支方面發生的原因：1.國際收支出現盈餘，而通貨膨脹同時發生。如西德、日本、以及 1973

年石油危機未發生之前的中國也都有產生此種情形；2.國內總需要過大，輸出少，輸入多，國際收支出現赤字，通貨膨脹也會產生。如英、美及臺灣在 1974 年 1 至 6 月份外匯虧損達 6 億 8 千萬美元（僅指臺灣）時所產生的通貨膨脹。（二）經濟繁榮時也會發生：現代各國政府，在努力促成人民充分就業，經濟繁榮，解決人民生活問題。然而，美國芝加哥大學教授弗利德曼（M. Freidman）認為，現代民主政府熱中於充分就業，經濟繁榮，以及提高國民生活水準，而從政者為了討好選民，爭取選票，大量發行鈔票，鼓勵生產投資，增加購買力，刺激民間需要，乃將物價拉高，所以產生通貨膨脹。（三）從社會政策方面派生的：一般政府的社會政策，對工人工資均定有最低工資，並組成工會以維護其權益。根據美國沙茲堡大學教授海雅克（F. A. Hayek）認為組織強大工會，要求提高工資，動輒強力索取，而使生產成本增加，資本家將成本轉移到消費者的身上，將物價抬高，也會促成通貨膨脹。（李義德，2007：25～26）

　　臺灣經歷過幾次的戰爭影響以及好幾次的通貨膨脹，進行幣值改革是不可避免的。至今臺灣歷經了兩、三次的幣值改革，其中最為大家熟悉的一次應該是 4 萬元舊臺幣兌換 1 元新臺幣時期。歷經這麼多次的幣值改革，是否會影響到陰間貨幣的幣值？這是一個值得探討的問題。三位訪談者表示陰間沒有經歷過此一階段。其中乩童表示：

> 陰間也有財政機構，會負責管理陰間貨幣的問題。（訪 D 摘 2011.3.3）

而我舅舅則表示：

> 並非我們每一次燒金銀紙，陰界神靈都收得到，他們自有一套金融秩序。（訪 C 摘 2011.3.12）

可見陰界自有一個能嚴謹控制貨幣的財政機構，也能有效的掌控通貨膨脹的問題，致使陰界至今仍沒有幣值改革的必要。然而，陰界的財政部長到底使用何種手段來防止通貨膨脹的問題，至今仍是不可解的。

第三節 依現代各國貨幣兌換制度透視金銀紙的兌換性

　　西元 1273 年，元世祖忽必烈為了管理中國歷史上最大的帝國，便發行了一組新的政府資援並管制的紙幣。為了執行其流通，他運用了任何政府為支持貨幣必須採行的主要措施：他以紙幣付錢，並且強迫任何人都必須接受紙幣付款，否則加以嚴懲。為確保政府以外的社會各界也一律使用紙幣，中國官方沒收所有老百姓的黃金與白銀，然後發紙幣給他們。來自海外的商人也必須交出金銀與珠寶，然後由商務官按政府所定的關價折合紙幣兌換給他們。（魏勒福特，1998：146）連此時期前來中國經商的外國商人，也必須遵照元朝的規定將金幣或銀幣兌換成元朝的紙幣：

> 摩洛哥商人穆罕瑪德·伊班·巴圖塔在西元 1345 年前往中國經商時，對政府控制紙幣的權力作了觀察。他報導說：「在中國市場上根本無法使用金幣或銀幣來付錢，這些錢幣都必須兌換成手掌般大小的紙條，上面還有皇帝的印璽。」他還說：「每個外國商人都必須把所有的金錢交給一位官員保管，那位官員會為他付一切花費。如果商人想要妾待或婢女，官員也可以代他付賬。商人離開中國時，官員會把剩餘的錢退還給他。」（魏勒福特，1998：146～147）

由上可知，早在十四世紀的元朝為了能有效掌控紙幣的流通，除了對國人進行強制兌換的手段外，也對外國商人執行強制兌換的政策，此乃是全世界最早實行各國貨幣兌換制度的先驅。國與國貨幣兌換的行為，從現代國際金融的概念來看稱為「外匯」，是最狹隘的外匯定義。因為外匯涵蓋的範圍並不侷限於外幣，凡是所有對外國通貨的請求權而可於外國支付者，不管其形勢是握在一般大眾手中的外幣現鈔，或存放於外國銀行的外幣存款，或持有外幣支票、匯票或有價證券，都可稱為外匯。（李榮謙，2003：96）而這種國與國之間貨幣的兌換存

在著「外匯匯率」的問題，也就是「外匯的交易價格」，或者說「兩國通貨交換的比率」。在競爭市場的前提下，倘若不考慮運輸成本及貿易障礙，則不同國家間相同財貨的銷售一旦以相同通貨單位來表示其價格時，他們應該有相同的銷售價格，此即所謂的一價法則。倘若一價法則適用於所有財貨，則可將它應用到不同國家的總合價格水準，從而帶來購買力平價的概念。根據此一概念，《經濟學人雜誌》（The Economist）自 1986 年起每年都會公布麥香堡指數，它是利用各地麥香堡價格的比較，來計算得出各國相應的匯率。而匯率代表一國貨幣的對外價值，在各國習慣上，有以本國貨幣為計算基礎和以外國貨幣為計算基礎二種的表示方式：（一）直接報價法或付出報價法，也稱為美式報價法，其匯率表示的型態是以 1 單位外國貨幣折合若干單位的本國貨幣；（二）間接報價法或收進報價法也稱為歐式報價法，其匯率表示的型態是以 1 單位本國貨幣折合若干單位的外國貨幣。（李榮謙，2003：98～99）從國際金融的概念來看元朝時期的強制兌換手段至終必須宣告失敗，因為其兌換匯率計算似乎沒有一個基準可言，以至有些外國商人進入元帝國經商時，使用各種方式將金幣或銀幣藏起來，以躲避元朝官員強制兌換紙幣的手段：

> 伊班‧巴圖塔也有觀察到一項取締非法使用錢幣始料未及的後果：由於嚴禁私有金銀元寶，商人就將違禁的錢幣熔成金錠或銀錠，藏在房門的屋椽上。（魏勒福特，1998：146～147）

元朝制定的「外匯」制度，在沒有匯率基準的情形下，不再為外國商人所遵循，加上中國帝王與中央的勢力在十四世紀的時候開始式微，而宣告結束。到了晚清歷經了兩次鴉片戰爭之後，在帝國主義列強的瘋狂侵略和殘暴剝削下。中國的經濟和貨幣也相應作了同性質的轉變。中國在這半個世紀裡，整個形勢發生了天翻地覆的特大變化，而大變化中的政治、經濟、社會和文化思想，也對貨幣起了重大的影響，顯示出以下幾點的特徵：（一）中外貨幣並行流通，外幣佔主導地位並壟斷金融市場，中國貨幣處於附庸地位，到後期才改變形式，

就是由眾多外幣歸於美元一統。(二)貨幣發行權從絕對散到相對集中，晚期的清政府昏庸無能，畏洋如虎，根本沒有什麼貨幣政策，對貨幣發行完全放任自流，中外官民人等，誰都可以自由發行貨幣。外國貨幣在中國流通，外國人在中國擅自設銀行發鈔票，清政府從來不敢過問。(三)貨幣形制、弊材多樣化、種類複雜多變，幣值幣信毫無保障，共有四大類的貨幣：1.中國公私銀行發行的紙幣、銀元、銅鎳鑄幣和各種信用流通工具；2.外國銀行的紙幣、銀元及各種硬幣、信用流通工具；3.銀兩和少數民族地區專用的金銀幣及各種貨幣；4.官銀錢局號、錢莊、票號、典當及地方各類公私機構或個人自由發行的各種票券、貨幣代用品，是在一定的範圍內流通使用的。(四)各幣之間的各自內部的比價關係變化很多，如銀元與銀兩的比價，有洋釐、銀折，隨行市變化。(郭彥崗，1994：108～110)這種貨幣百家爭鳴的現象，同樣的也出現在現今冥界使用的紙幣——金銀紙身上。如同處在一個臺灣，冥界使用的金銀紙有同一性、地方性和國際性。所謂的同一性，是有些種類的金銀紙沒有區域的分別，不分東、西、南、北都可使用；地方性，則是指各區域特有的金銀紙種類；國際性，則是近年來產生的新式金銀紙中的國際性貨幣。對於這種金銀紙進入百家爭鳴的時代，倘若陰間沒有一個可行的金融管控制度，豈不就陷入一團亂的局面！然而，從上一節已談過的幣值改革問題可知，到目前為止，陰間的金融仍舊穩固，未有通貨膨脹的現象產生。這或許都要端賴於其貨幣政策的可行性。針對目前市面上販售的金銀紙，有些種類有區域性的差異，對此區域性的差異是否會影響到陰間貨幣的互通性？受訪的法師表示：

> 這並不會影響到陰間貨幣的流通性，不管是哪一地區特有的金銀紙，它們都有一個相同的地方——箔仔。我們燒金銀紙給陰間神靈，祂們主要得到的是上面那一張「箔仔」，「箔仔」下面的紙張只是助燃的作用而已，所以不影響陰間貨幣的流通性。
> (訪 B 摘 2011.3.10)

　　而對於近年來市面上出現美金以及信用卡等新式的紙錢，其功效是否跟傳統的功效一樣？受訪的乩童以及法師都表示：

> 這種新式紙錢，焚燒後，陰間的神靈根本得不到，這只是陽界商人為了賺錢發明出來的東西而已。（訪 D 摘 2011.3.3；訪 B 摘 2011.3.10）

　　我們可為陰間的金融政策歸為以黃金為本位的金融制度；而此以黃金為本位的金融制度在陽間也曾經在 19 世紀成為國際貨幣的基準。

　　柯爾曼（G. Colman）在 1979 年發表的劇作《法定繼承人》（The Heir at Law）中提到了倫敦金融機構所創造的財富：

> 啊，倫敦是個好地方，
> 非常馳名的城市，
> 到處是黃金舖就的街道，
> 舉目盡是美貌的仕女。

> （魏勒福特，1998：178）

這是在描寫十九世紀的倫敦，銀行家在倫敦這一個城市創造了一種以黃金為基準的紙幣制度。此一制度擴散到世界各地後，也成為世界上第一個全球性的貨幣制度。經濟學家李嘉圖（D. Ricardo）對以黃金為基準的制度表示讚許：「如果有一個國家與銀行發行紙幣的權力無限，他們一定會濫用那種權力；因而所有國家發行紙幣必須有所防範與管制；最適當的方式，莫過於規定發行紙幣有抵債的義務，用金幣或金塊兌換。」在此同時，歐洲國家政府意識到黃金制度的嚴重限制，無法如先前君主般封地賜賞，又不能無止境地印製鈔票，這些政府必須另覓新法來攫集財富。第一次世界大戰結束了以黃金為基礎的世界貨幣體制。威爾斯指出：「大戰遏止，最終並摧毀了此一從無中形成的金融大同世界……大戰接近尾聲時，頗為實際的世界金融集團崩

解，而過量印製紙幣則仍在持續進行。」就某種意義而言，第一次大戰結束了 19 世紀，而開啟了十分不同的 20 世紀時代（魏勒福特，1998：178～189）；而進入 20 世紀便是以美元為本位的世界金融制度。現行的國際貨幣制度，是從 1946 年建立起來的，行至今日，一般有識之士都公認有以下的缺陷：（一）採用一國的通貨（美金）作為國際的標準通貨，就犯了手段特稱的毛病。因這一國的通貨如在世界上供應的數量增多了，而其所保有的其他資產——黃金又不能增多，則其本身兌換黃金的能力將自然減少。在此情況下，如果世界市場美元供應過多，也無法持其過多的美元向美國要求兌換黃金，除非甘冒破壞該制度的危險。如此使美國無形中享受到「特權」。這也說明了以特定貨幣——特定品，就能享受「特權」，處於權衡作用的明證。（二）在國際收支的調整過程中，支配上往往不夠靈活，因匯兌的變動緩不濟急，容易使人在市場上造成一種期待其變的心理，常為投機者所乘。又由於變動緩慢，則一旦須變，幅度必然很大，此又對一般正常國際交易者引起很多困難，且讓投機者獲利更多，這無異鼓勵投機。（三）對於國際收支有盈餘的國家，又不施以強大壓力，使其從事匯率的增值，即使此種調整有其必要也不如此。此又可證明特定通貨充作國際交換的媒介，也有它不靈活的弱點。（李義德，2007：24～25）而此以美元為本位的國際貨幣制度的缺陷，在西元 2008 年美國雷曼兄弟連動債券事件導致世界陷入一陣金融風暴中，再次印證了 20 世紀以後以美元為本位貨幣政策的缺陷。反觀陰間仍舊使用 19 世紀以黃金為本位的貨幣制度，似乎較能有效控制並維持穩定的金融秩序。

第四節　靈界藉由火化儀式接收金銀紙

火的起源甚早，不僅改變人類的生活型態，在宗教上也被賦予神聖的任務，通常代表一種過渡儀式，而在泛靈信仰中，其被賦予靈魂。泛靈信仰，又譯萬物有靈信仰、萬物有靈觀、萬物有靈論。我國學術

界多用「萬物有靈觀（論）」這個譯名，而「萬物有靈」一詞只是一種比喻，是個約定俗成的諺語。嚴格說來，其表述並不十分確切。人類學、民族學調查資料表明，原始人只對跟他們密切相關的人、事、物和現象感興趣，並賦予它們以靈魂，並非認為萬事萬物均有靈魂，他們還未形成「萬物」的概念。最早的「萬物有靈說」是由英國人類學家泰勒在《原始文化》（1871）一書中提出來的：

> 萬物有靈觀的理論分解為兩個主要的信條，它們構成一個完整學說的各部分。其中的第一條，包括著各個生物的靈魂，這靈魂在肉體死亡或消滅之後能夠繼續存在；另一條則包括著各個精靈本身，上升到威力強大的諸神行列。（馬昌儀，1999：43～44）

依氣化觀型文化傳統中的宗教所示，靈體是流布於天地間的精氣。天地間有陰陽二氣（它是從混沌中判分而出現的）；而陰陽二氣又有駁雜的部分（就是一般的氣）和精純的部分。當中純精的部分，就是所謂的神靈（陽精為神，陰精為靈）：「陽之精氣曰神，陰之精氣曰靈。神靈者，品物之本也」。（王謨輯，1988：508～509）這神靈交感（陽精和陰精遇合），則可以化生萬物：「二氣感應以相與……天地感而萬物化生」。（孔穎達，1982a：82）而人的肉體也自然在這一化生的範疇裡：「凡人物者，陰陽之化也」（高誘，1978a：260）、「天地合氣，命之曰人」（白雲觀長春真人編纂，1995：720）、「氣凝為人」（王充，1978：202）。在人肉體內的陰陽精氣，又被稱為魂魄：「魂，人之陽精也。陽精為魂，陰精為魄」。（高誘，1978b：764）人死後，魂魄消散，又恢復為神靈。不過，魂氣固然還原為「神」，魄氣卻又多出一個「鬼」名：「體魄下降於地為鬼」（王謨輯，1988：509）、「存亡既異，別為作名，改生之魂曰神，改生之魄曰鬼」。（孔穎達，1982b：764）而這魄氣只能歸地（而不像魂氣可以升天），從此跟魂氣分異。（賴亞生，1993；鄭志明，1997；馬昌儀，1999；周慶華，1999；王德育，2000；蒲慕州編，2005）

　　我國典籍中對魂魄的記載，比較古老的見於《春秋左傳・昭公7年》的一段話：「人生始化約魄，既生魄，陽曰魂。用物精多則魂魄強，是以有精爽至於神明。」（馬昌儀，1999：59）因此，在道教信仰中有所謂的「三魂七魄」說，廣泛見於道家典籍。在《雲笈七籤・魂神・說魂魄》（卷之54）中對三魂七魄有詳細的解釋：

> 三魂者：第一魂胎光，屬之於天，常欲得人清靜，欲與生人延益壽，筭絕穢亂之想，久居人其中，則生道備矣；第二魂爽靈，屬之於五行，常欲人機謀萬物，徭役百神，多生禍福災衰刑事之事；第三魂幽精，屬之於地，常欲人好色嗜欲，穢亂昏暗，耽著睡眠。（馬昌儀，1999：203～204）

它所記載七魄如下：

> 其第一魄名尸狗；其第二魄名伏尸，其第三魄名雀陰，其第四魄名吞賊；其第五魄名非毒；其第六魄名除穢；其第七魄名臭肺。此皆七魄之名也，身中之濁鬼也。（馬昌儀，1999：204）

人活著時，這三個魂到處遊蕩，倘若受到驚嚇，它們就不敢回來，以致走失，失魂者便會患病，必須把失去的魂找回來，於是便有各種招魂之俗。人死後，這三個魂，一個去陰間或天上，為了讓這個魂順利上天，死者的墳頭要掛置一弩弓，以便射殺前來攔截他的餓鬼；第二個魂首在墳上，如果照料不好，它會四處遊蕩，便成野鬼，作祟人畜；第三個亡魂供在家堂之中，倘若對它侍奉不周，也會外出遊蕩，變成野鬼或白虎精之類，回家來作祟。（馬昌儀，1999：207）而靈魂是什麼？泰勒認為，「靈魂是不可捉摸的虛幻的人的形象」，其性質像氣息、薄霧、陰影；靈魂是虛幻的，它不見摸不著，但它又有物質性，有重量，許多民族都有在棺材、墳墓、屋頂，甚至帽子上留有小孔的習俗，那是給有形體的靈魂出入的通道，只不過靈魂的形體一般人都看不見，只有靈魂的使者巫師才看的見。（同上，44）祖先死後，第三個魂會留在自己的家裏：

鬼、神原來都是人。一般人死後靈魂留在自家的廳堂上，繼續接受子孫的供養。德行很好的人可能變成神，就住到廟裏去，享用人間的萬代香火；但是很壞的人死後永遠無法超生，就變成給住在地獄裡，只有農曆七月才能出來討食。另外也有一些無人供養或各式各樣橫死、冤枉死的孤魂野鬼，並不住在地獄裡，而是在人間到處遊蕩。鬼、神跟人一樣得要吃東西，因此需要人們祭拜供養。（張珣編，2006：52～53）

上文所提到的鬼、神和人一樣都得要吃東西，應該說祂們不是用吃的而是用吸的：

我得「靈眼」之後，有一次曾在佛堂誦經，見一物非常怪異，頭大如斗，身著光彩的神衣，口歪眼斜，雙腳如鴨腳有蹼；現身之後，把供桌上的食物之氣一一吸光。食物仍在，但氣已不存矣！我見此物進佛堂，卻奇怪諸佛何以不聞不問？「何方怪物？」我問。「水龍公是也，我喜聽經。」「你還喜歡什麼？」「看戲。」「看什麼？」「歌仔戲或布袋戲。我的廟經常演戲；對了，你也布施我一臺戲如何？我保佑你。」「算了，算了。」我笑笑說：「我那有那麼多錢。」這是我和水龍公初次的見面。（盧盛彥，2004a：154～155）

在一座金碧輝煌的恩主廟，我見到一位神祇。此神頭戴方巾，身著文士服裝，身上衣裳鮮明，在廟中到處走動遊蕩……有好幾次，祂躲在供桌底下，當一些信徒點香祈禱，用「神杯」求神指示的時候，祂從供桌下爬了出來，伸手去翻那神杯。有許多人抽籤，祂又用手把籤抽了出來，讓神示的籤跳得高一點。有時用手圈住耳朵，仔細得聽信徒向神明傾訴，祂咧著大嘴巴笑了，笑得很憨直，彷彿祂真的聽得懂似的……我有幾次向祂點頭，祂沒有發覺，直到我同祂笑了笑，祂吃驚了……最後曉得我一點惡意也沒有，終於我們成為知己的朋友……祂吃食供

桌上的果品，有人殺雞殺鴨的以三牲來供拜，真神都沒有下降
來享祭，那文士先生卻一巴掌把雞腿撕下來大啃大嚼，一看到
我看祂，卻又咧著嘴笑了。祂吃東西的饞相，實在是不太敢恭
維，雖然物品不動，但那些物氣全給祂吸光了；祂連油膩膩的
豬肉也吃，吃得滿嘴全是油，廟中常有神聖下降，但神聖從不
管祂。（盧勝彥，2004b：106～109）

　　靈體藉由食氣來補充能量以成就所謂的「耗能結構」。（雷夫金〔J.
Rifkin〕，1988）它在人身上，肉體吃食物時，靈體則跟著吃食物的氣。
（周慶華，2006：192）

　　氣，是鬼、神獲取陽界敬獻東西的唯一途徑，而這途徑勢必借助
「火」這一個媒介：

媽媽說普渡一開始的「經衣」是燒給他們換新衣服的，所以不
可以摺到，否則好兄弟穿的衣服就會皺皺的。可是在我看來，
大家還是衝進盆裡大吸特吸燃燒的煙霧和灰燼，根本就沒在換
衣服嘛……我沒見過偏食的好兄弟，他們胃口都很好、來者不
拒。如果真的作市場調查，絕大部分首選都是「紙錢」。不論
是什麼圖案或顏色的金銀紙，他們都很喜歡，而且聽說環保紙
錢質地細緻，燒出來的灰燼特別可口。每次燒紙錢的時候就是
普渡的高潮，為了搶到最好的角度爭食，好兄弟們也會組織互
助團體：一群群的小團體合作佔地盤，我們包了這家、你們去
吃隔壁那戶。（索非亞，2010）

前部分對於鬼神如何獲取我們陽間燒的紙錢，其核心也是「氣」，而
氣不能吃，只能用吸的。後部分提到每次燒紙錢時好兄弟爭食的畫
面，此畫面只會在中元普渡時出現，平常時我們祭拜焚燒紙錢時，是
由陰間的財政機構派官員來接收，到了陰間再分送給指定的鬼神。根
據受訪的法師表示：

> 平常我們在焚燒紙錢時，會由庫官來接收，陰間共有十二個庫
> 官，分別是子、丑、寅、卯、辰、巳、午、未、申、酉、戌、
> 亥等十二個庫官。庫官接收完再由信差，分送給指定的鬼神，
> 信差共有兩位，分別是日信差、夜信差。（訪 B 摘 2010.10.2）

如同「氣」概念，陰間鬼神勢必要藉由火化產生的氣來接收紙錢上的
「箔仔」。然而，在傳統宗教活動中的祭祀慶典（如神明遶境活動）
或喪葬出殯時，可見得撒紙錢，而非焚燒紙錢的動作。如果以「氣」
為核心，那麼撒紙錢，陰間的鬼神勢必就無法接收到。然而，實際上
卻不是這樣。受訪的道士表示：

> 早期喪葬的出殯隊伍，道了橋頭時，出殯隊伍中會有人停下來
> 焚燒冥紙。然而，漸漸演變至今，由於人的懶性，到橋頭就直
> 接撒冥紙而已。（訪 B 摘 2011.3.10）

對於用撒冥紙的方式，陰界的鬼神是否也接收的到，法師表示他
不知道陰間是否接收得到冥紙。對於這一問題，我舅舅表示：

> 紙錢用撒的，陰間的鬼神是可以接收得到的。至於，他們是使
> 用怎樣的接收方式就無法得知了。（訪 C 摘 2011.3.12）

前面法師的說法其實是抱持著懷疑的態度，看待以撒紙錢的方式
來代替燒紙錢的行為，此客觀立場顯然跟我舅舅的肯定說成形成前強
烈的對比。而我個人則也是抱持著肯定說的立場來看待此事。從歷史
角度切入，可發現我國的喪葬禮儀早在周代就有了完整的形式，它是
原始觀念和封建觀念的混合體。人死後，先用淨水抹乾淨，然後著壽
衣壽帽，停屍板上，一至三日不等。然後被棺入殮，停於院中，孝子
守靈，親友弔喪，奠祭，並提漿報廟，由親屬子女列隊哭報土地廟，
燒廟撒漿水後歸來，這就意味著向陰曹地府「報到」了。三日後，發
喪，孝子披麻執幡，一路散撒紙錢。有的以紙牛、紙馬等隨葬，到墓
地焚化，孝子摔喪盆，舉斧指路。繼而入棺、下葬、合墳。（黃澤新，

1993：113）因此，金銀紙不一定要經過火化儀式陰界神靈才能接收

1993：113）因此，金銀紙不一定要經過火化儀式陰界神靈才能接收
到，送殯隊伍沿路撒紙錢的意義在於收買路上的遊靈，以取得亡者的
過路權。而遊靈獲取送殯隊伍撒的紙錢勢必有一套異於藉由火化儀式
的管道，只是這管道至今仍是一個不可知的答案。

第五章　金銀紙的道德倫理功能

第一節　現實界金錢遊戲的跨界展望

　　梁漱溟曾經指出：中國是倫理本位的社會，而中國文化是以道德代替宗教。而徐復觀也曾經從思想史的角度追溯儒家思想的起源，他發現中國的原始宗教在周初時透過憂患意識的出現而轉化為人文精神，而這種憂患意識其實也是一種道德意識。（李明輝，1991：67）儒家以道德意識為核心，來說明人類一切活動的意義。（同上，69）我們可以具體地將倫理和道德看作一個群體維持生活世界秩序的必要條件。在這裡，倫理指社會服務的能力和養成眾望所歸的優秀品格的能力；道德則指個人在社會中應承擔的責任與義務。顯然，一個社會的經濟發展需依靠該社會固有的倫理道德原則所生發和保證的合作與協調。因此，我們不能割裂道德倫理與建立在人際關係、工作、生產和交換上的組成社會經濟的生活方式之間的聯繫。作為生活目的的倫理道德，尤其需要以作為手段的社會經濟為基礎。反過來，無論出於什麼原因，如果經濟本身有意無意地成了目的，倫理和道德也就會成為服從這一目的的必要手段。許多西方哲學家認為，倫理和道德對於維持社會和經濟生活是不可或缺的，韋伯（M. Weber）就曾經指出，在近代西方資本主義形成過程中，倫理道德為資本主義經濟的發展提供了動力和刺激。（成中英，2005：160）

　　上個世紀，牟宗三曾將儒家的「憂患意識」和基督教的「恐怖意識」以及佛教的「苦業意識」相對比，前者「憂患意識」代表「道德意識」；而後二者「恐怖意識」和「苦業意識」代表「宗教意識」。此外，他還將儒家理解為「道德的理想主義」或「道德實踐的理想主義」，

所謂的「道德的理想主義」是指一切個人或社會的實踐活動必須以理想為依據，而理想源於道德心（道德理性）。牟宗三解釋說：

> 「怵惕惻隱之心」是「道德的實踐」的先驗根據，是「道德的理想主義」所以必然極成的確乎其不可拔的基礎。離開怵惕惻隱之心，就不能說是道德的實踐，甚至也不可以說是實踐。「實踐」是人的分內事，不是物的分內事。人的任何實踐都不能離開「怵惕惻隱之心」這個普遍條件的籠罩。如果離開這個普遍的條件而尚且可以實踐，那這種實踐必定不是實踐，只是動物性的發作，在人間社會內是不可能有任何價值或理想的意義。（牟宗三，1970：24）

對於牟宗三所提出「『怵惕惻隱之心』是『道德的實踐』的根據；人的任何實踐都不能離開『怵惕惻隱之心』這個普遍條件；如果離開這普遍條件就不是實踐，而只是動物性的發作」的觀點，我認為此說法有點偏頗，真正的道德實踐應為孟子在性善論中所提出的四善端：

> 惻隱之心，仁之端也。羞惡之心，義之端也。辭讓之心，禮之端也。是非之心，智之端也。人之有四端也，猶其有四體也。有是四端而自謂不能者，自賊者也。謂其君不能者，賊其君者也。（蔣伯潛，1989：284）

「仁」為中國五常之首，宋儒以《易傳》的「生生」來解釋「仁」，所謂「天地之大德曰生」，到了現代，闡發它的義蘊，剛好和第一條若合符節。所謂「親親而仁民，仁民而愛物」，以至宋明儒講「天地萬物一體之仁」，都是中國哲學一向發揚的精義。這樣的哲學有環保的涵義。而第二個指令針對現代世界的不義剝削行為，而大聲呼籲不可偷盜、公正帶人。事實上不僅極權國家欺壓人民，肆無忌憚的資本主義也一樣造成巨大的破壞：一方面是無止境的貪欲；另一方面則是貧窮無助。貧窮之間的差距越來越大，仇恨越來越深。年輕人從小就要學習為公益服務，建立一個公平的經濟秩序。（劉述先，2001：69

～70）從倫理道德領域來說，禮和仁都十分重要，而本節核心「仁」則代表心的自覺（閻韜，1994：32）；有了內心的道德自覺，才能使禮所規定的道德準則具有內在的力量，才能使道德準則與人的人格、生命連繫在一起，在任何情況下得到自覺的遵守。（同上，33）而「仁」和「禮」，既是社會政治概念，又是倫理道德概念，它們是相輔相成、不可分割的。（同上，34）而「仁」是中國傳統中的統合原則，一切思想行為都脫離不了「仁」的概念，《孟子・公孫丑上篇》：

> 人皆有不忍人之心。先王有不忍人之心，斯有不忍人之政矣。以不忍人之心，行不忍人之政，治天下可以運之掌上。（蔣伯潛，1989：283）

文中的「不忍人之心」，就是所謂的「仁」，一國之君有仁心，才會有仁政。國君倘若以仁心行仁政，則國家的一切都能在他的掌握之中。按此推理，倘若將儒家的「仁」實踐在經濟方面，必能使經濟更加穩定。

儒家「仁」的思想是氏族社會原始人道主義觀的發展，在一定程度上超出家族和階級的界限，認為人是家族、等級的成員的同時，還是人類的一員，應該把他人當作自己的同類，給以同情和關心。正因有這樣的思想，孔子弟子子夏才說「四海之內皆兄弟」。（閻韜，1994：28～29）而現實界的金錢遊戲也是如此，倘若彼此在金錢遊戲中是處於互利共生的情形下，便互相稱兄道弟。無需置疑，人道主義在取向和目標設定上可以是義務倫理學或功利主義的，但其終極目標仍舊在尋找人類集體或個人的福祉和滿足，人道主義因而可被視為是人類在自然界中實踐「集體自利」的一種設計。（成中英，2005：139）

至於人類在自然界中用來實踐「集體自利」的，主要是以金錢為媒介。金錢是價值的尺度，交換的媒介，財富的貯藏。但這種說法忽略了它的另一面，它令人陶醉、令人瘋狂的一面，也撇開了愛錢的心理不談。（魏斯曼〔T. Wiseman〕，1992：2）倘若從現實界的金錢遊戲來看，可分為三類：（一）進行交易：早期是以物易物的時代，直到錢幣的發明與使用後，開起以錢易物時代的來臨；（二）進行投資：

以少許錢財獲取更多錢財的一種方式，如：買股票、買基金、投資房地產、玩彩券等等；（三）取得權力：將金錢用於糾眾或政治選舉，以取得對他人的支配權。而靈界獲取陽界焚燒的金銀紙和現實界金錢遊戲的方式，彼此可能的關係如下：

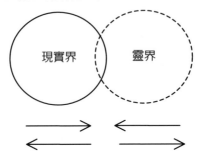

圖 5-1-1　靈界獲取陽界焚燒的金銀紙與現實界金錢遊戲的關係圖

如上圖所示，靈界獲取陽界焚燒的金銀紙和現實界金錢遊戲彼此有某部分是相同有交集的，也有可能二者間完全分離沒交集的。倘若從上一章金銀紙的貨幣課題來看待兩界間的關係，我認為是有交集的：

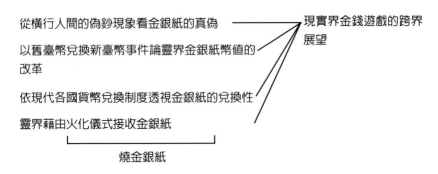

圖 5-1-2　金銀紙的貨幣課題與現實界金錢遊的關係圖

倘若從錢財心理學來論說現實界金錢遊戲的三種類型與陽界焚燒金銀紙給陰間，不難發現彼此是有相關的：（一）進行交易：陽界中人與人以錢易物，所易的物大部分都是指實質的物品。而陽界的人

向陰界的神靈以錢易物，所使用的錢為金銀紙，而易的物除了有實質的物品外，也有心靈層面的物質；（二）從事投資：很多人喜歡卜卦算命，其中有一些人是看著玩的，但絕大部分的人卻是虔誠的找相士算命，以解除他們心中的煩惱。而這些相士的話大都模稜兩可，端看聽的人信不信而已。然而，大部分的人都會相信相士的話。大概是因為去算命的人，在潛意識中便有得到解決之法的欲求，所以從相士的談話中，接受自己所期待的部分，對於不好的部分，也會以主觀的解釋使其合理化。一個人的心中要是有某種強烈的欲求時，往往會敏銳地接受合乎此一欲求的訊息，這種心理在處理金錢時表現的最明顯（多湖輝，1994：173）；（三）取得權力：這是一體成形的，人燒金銀紙給神靈，就會在某種程度上獲得神靈的福佑承諾，終而形同「支配」到了神靈。如下圖所示：

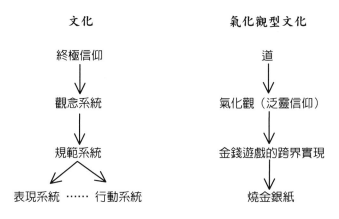

圖 5-1-3　金錢遊戲的跨界實現的五個文化次系統圖

第二節　付金銀紙的代價以希冀福佑的保障

前面所談及儒家「仁」的思想是一統合原則，其下可以細分為「義」、「禮」、「智」……等，也都發展於人道主義觀。如果我們留意

過去兩千五百年來人類對知識的探求，我們可區分出兩種型態的人道主義：提升人類社會成為宇宙主宰者及支配者的「排他性人道主義」，及強調人類協調能力作為其存在基礎的「包容性人道主義」，現代西方從近代以降是屬於「排他性人道主義」（成中英，2005：141），我國儒家學說則是一種包容性人道主義。（同上，145）「包容性人道主義」如字面顯示，這個意義的人道主義強調人類作為自我轉化及轉化外在現實界的主體。當自我轉化是根基於實在，而實在的轉化也根基於人類自身時，則人類自身及實在之間也就沒有分界與分期。而這表示二者有著本質上的關聯。如何理解及解釋這樣的內在聯繫是一個形上學工作，其不僅涉及想像，也必須透過一種同時定義實在即人，而人即實在的有關聯的深層感受及經驗。從這個關聯來看，人之為主體及自然世界之為對象之間並無本質上的對立及衝突。事實上，人及自然二者相互依附於一個連續發展的整體。這個同時包含著人及自然的現實整體必須被視為一個能容許人及自然能在其中相互轉化的動態創造的轉化過程，而這也清楚地證明了這種轉化的實在性及創造性，提供了「轉化過程」所需的內在聯繫。因此，包容性人道主義是一種人類作為實在，在實在中，來自實在，並為了實在的自我實現的創造過程的觀點，其基本認知與理解是：自然或整個實在——無論是作為移動中的宇宙，或作為事物的整體——包含了存在之為價值相互連結或相互聯繫的脈絡。這不僅表示實在本身是人類及萬物的共同來源或基礎，並由於這個來源及基礎，每一事物因而得到其內在價值——其之為價值在於促使萬物之間形成一相互豐富，相互增強的關係，並因而促成萬物之間整體的統一與和諧。對「包容性人道主義」而言，人類精神是一種轉化權力意志成為仁愛精神的朝向和諧的意志，人類因此是被理解為介於萬物之中的創造性轉化、關聯、協調或相互認同的管道。人類創造性轉化過程因而是與世界的整個轉化過程相互契合的，其基本行為與道德模式是把自然世界包含在和諧關係之下，人類及道德行動的對象因而不能只限定在人類，或只與人類關懷有關的事物。任何事物——不論是生物還是非生物——都可以是人類在兼顧時

與地，人類與自然，現在與未來，此地與比地的同時努力達到的整體和諧的部分。「包容性人道主義」無礙標示了宇宙實在關鍵性轉型的起點，透過參與、反省、創造與革新，人類克服重重的阻礙及誤解，不斷努力邁向一個存在、變化、非存有的動態平衡與和諧。（成中英，2005：142～145）

在中國傳統中，「禮」有著古老的淵源，關聯於祭祀的儀式，孔子強調它在人內在的根苗。（劉述先，2001：72）「禮」是孔子思想體系的第一個觀念，既是孔子思想的實際起點，也是其邏輯起點。所謂「禮」指的是「周禮」，是周族從父系家長制時代以來逐步形成的典章、制度、儀節、習俗，也包含了周人的習慣法和道德律。隨著周人進入封建社會，周禮中原始的平民因素逐漸淡化，而等級制的內容不斷強化，但有一點是始終一貫的，及血緣關係的紐帶不斷，家族組織與社會政權組織合一。（閻韜，1994：22～23）禮在社會生活中具有無與倫比的重要意義：「民之所由生，禮為大。」沒有禮就不能分辨君臣上下長幼的地位，不能區別父子兄弟婚姻等的親疏遠近，有兩個重要原則，其一為「尊上」，就是把人區別分為許多等級，並保持低賤者對尊貴者的尊崇，承認貴族的特權；另一重要原則是「親親」，及對親族的愛，它包括父慈子孝兄友弟恭，孔子強調的是子對父母的孝順和弟對兄長的恭敬，他說：「弟子入則孝，出則弟」、「事父母能竭其力」。（同上，24～25）而「親親」可以說是「禮」在儒家思想觀念下的極致表現，從喪禮的禮俗中方可看出一些端倪。針對入殮時會在棺木裡擺滿了金銀紙，隨著土葬或火葬後，往生者是否能接收到這些金銀紙，受訪的道士表示：

> 早期入殮時，在棺木中擺放的是金銀珠寶。隨著，金銀珠寶的價值越來越高，取而代之的是在棺木裡擺滿金銀紙。土葬時，會在棺木上鑽洞，讓空氣跑進去，入土的時間久了，裡面的金銀紙也會漸漸腐化。然而，這些金銀紙腐化後，往生者是否能接收到就不得而知了。（訪 B 摘 2011.03.10）

法師也對喪禮中燒褲錢的用意進一步表示：

> 一個人一生能擁有多少財富，在出生時就上天就已經幫你安排
> 好了，而在世所擁有的財富都是上天降下來給你花費的。人死
> 後，必須燒褲錢將這些錢回給天。（訪 B 摘 2011.03.10）

針對平時金銀紙錢給祖先的用意為何，法師和乩童都表示：

> 平時我們燒金銀紙錢給死去的祖先，錢不一定會進到祖先的口
> 袋中，庫官會先將這些錢分還給死者的冤親債主。（訪 D 摘 2011.
> 03.03、訪 B 摘 2011.03.10）

由上面三則訪談的內容我們不難發現，儒家的「親親」思想，不僅父母在世時，為人子女、孫的都要盡孝，死後也要盡孝。然而，這種對祖先的盡孝思想中，卻帶有濃濃的利益思想，這裡所提到的利益是一統括性的利益，而非僅侷限於金錢的利益上，大部分從祖先求得的利益為精神層面。

從「禮」的另一個「尊上」原則來看，陽間的人將自己視為貧賤階級，而陰界的神靈則為貴族階級。因此，人就將神靈視為尊貴者，對祂尊崇，並認為祂法力無邊，任何事都可求助於祂，然而在求助的過程當中卻也脫離不了利益糾葛。從臺灣的民間信仰中，我們可發現人對上位者的神靈所求的願望，不僅只侷限在精神層面，也涉及物質層面，這裡所說的物質層面則指金錢利益。對於市面上金銀紙業者販售的補運金，以及五路發財金、八路運轉金，甚至於特種行業使用的天篷元帥金等，我們不難發現從早期的補運金到近年來因應信徒所需而出現的五路發財金、八路運轉金和天篷元帥金等，使用者對神靈所祈求的願望都脫離不了金錢。針對焚燒補運金的用意為何，受訪的法師表示：

> 一個人一生在世能擁有多少錢財，在出世的那一刻都已經註定
> 了。也就是人的「財庫」。而陽間的人焚燒補運金的用意在於

補充自己的財庫，希望能藉由補充自己的財庫，使自己能賺更多錢。（訪 B 摘 2011.03.10）

從以上的訪談內容可發現，人利用以金（補運金）易金（金錢）的方式，求取金錢利益，也利用朝貢以貧賤階級的心態向上位者（神靈）輸誠以求得上位者的恩惠，其與人付金銀紙給靈界靈界以希冀得到福佑的關係如下：

圖 5-2-1　現實界金錢遊戲的跨界展望
與付金銀紙的代價以希冀福佑的保障關係圖

這裡所說的恩惠除了是祈求平安，也有祈求事業順利賺大錢，這些現象從祭拜時焚燒金銀紙便可看出端倪。更明顯的是，祭拜五路財神爺時焚燒五路財神爺金、八路財神爺神燒八路運轉金，而特種行業在祭拜時所焚燒的天篷元帥金，無非就是向上輸誠以祈求事業順利賺大錢最好的明證。倘若從錢財心理學來論說現實界金錢遊戲的三種類型與付金銀紙的代價以希冀福佑的保障之間的相關性，不難發現彼此是有密切關係的。在此先舉一則實際的例子以為佐證：

在我人生最傷心時，我看見先生握著我的手說：「妳還有我和孩子！」看著他心好累又好無助。我只有你可以靠，但我好累，家裡的一大群人很難理解⋯⋯生父母家中有九位兄弟姊妹，養父母一生養有五個孩子，婆家有四位兄妹。依我們在臺灣的民俗，應有很多的交集但卻因名利誤會，真正生活有往來所剩無幾。先生笑笑的說：「我們去拜拜⋯⋯」我聽不進，心中疑惑，

> 像先生說的有那麼神……我看神桌上那麼多神像，先生說這麼
> 多神像是要分靈出去的……先生點了香，我們誠心跪下祈
> 求……三年後，我們到廟裡帶神像回來，因為三年來我們平安
> 又賺了錢，似乎得到媽祖的保佑。（琳姬，2003：70～72）

從此實際發生的案例，可推論出現實界金錢遊戲的三種類型中的兩種與付金銀紙的代價以希冀福佑的保障之間是有關連的：（一）進行交易：人去廟宇誠心祭拜祈求平安並焚燒金銀紙來獲得神靈的保佑；（二）從事投資投資：人去廟宇祭拜並祈求事業順利賺大錢，以現實界少量的錢購買金銀紙焚燒給神靈，希冀神靈能庇佑其事業順利並賺大錢；（三）取得權力：人燒金銀紙給神靈，希冀得到神靈的福佑，變進一步的支配了神靈替其做事。倘若從下面的現實界金錢遊戲的跨界實現與付金銀紙的代價以希冀福佑的保障關係圖，將能更清楚的看出其與金銀紙的貨幣課題之間的關係：

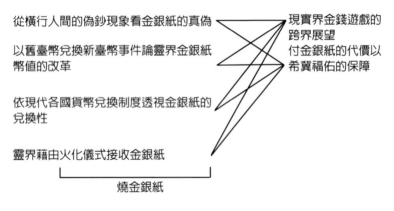

圖 5-2-2　燒金銀紙的代價以希冀福佑的保障的關係圖

倘若從文化的五個次系統的關係網絡去看付金銀紙的代價以希冀福佑的保障與金錢遊戲的跨界實現間的關係，二者顯然都處於規範系統中：

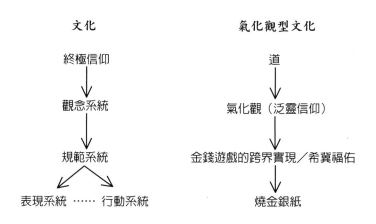

圖 5-2-3　付金銀紙的代價以希冀福佑的五個次系統關係圖

　　這種建立在儒家「禮」思想基礎之上的功利主義，也是臺灣民間宗教發展的趨勢之一，因此出現一些特殊現象：（一）宗教的社群意識減弱，而滿足個人種種現實需要的意義則相對增強。在現代工業化趨勢出現之後，宗教的社群意識逐漸為個人意義所代替，而個人所要求的無非是現實的種種問題的解答與滿足；（二）神靈數目的無限擴大：臺灣民間信仰的廟宇中，所崇拜的神靈在近年來有逐漸增加的現象，也就是藉由不同功能的神明的存在，提供更多滿足個人需求的機會，如五路財神、八路財神以及各行業的守護神。（黃紹倫，1992：117～121）然而，這種實用主義是如何在儒家倫理中得到承認的？要回答這個問題，我們須要從一個更廣的視角看儒家的倫理思考。孔子認為小人求利，君子求義，而他希望看到所有人都成為君子。但是事實上一般人總是著眼於利的；而且孔子實際上也沒有說求利是卑鄙或不可為的事情，他只說人應該以正當的手段獲得利益，而且要時時刻刻記住「公利」。因此，孔孟都強調公共利益高於個人利益。在這個意義上，孔子未必反對功利主義，他甚至還可能希望建立一個良好有秩序的利益生產和分配結構。（成中英，2005：177～178）

第三節　神鬼收受金銀紙而給所求的回饋

在中國傳統之中，本章第一節所提的「仁」是統合原則，而這一節所要提及的「義」則是分殊原則。（劉述先，2001：70）孔子很早就說：

> 飯疏食飲水，曲肱而枕之，樂亦在其中矣！不義而富且貴，於我如浮雲。（蔣伯潛，2000：82）

可發現孔子並不反對世人求取富貴，然而並不代表世人可以為所欲為的去逐利，應該在「義」的思想基礎上去追求富貴。在儒家思想中「義」佔有舉足輕重的角色，什麼叫作「義」？《論語・衛靈公篇》提及：

> 子曰：「群居終日，言不及義，好行小慧，難矣哉！」（蔣伯潛，2000：178）

《論語》中也將「義」作為君子和小人追求富貴的差異所在：

> 子曰：「君子義以為質，禮以行之，孫以出之，信以成之，君子哉！」（蔣伯潛，2000：178）

> 子曰：「君子之於天下也，無適也，無莫也，義之與比。」（蔣伯潛，2000：44）

> 子曰：「君子喻於義，小人喻於利。」（蔣伯潛，2000：44）

以上三則都是在說君子非常重視「義」的思想，有別於小人只注重「利」。因此，君子在從事任何事情或追逐金錢利益時，無不將「義」擺在「利」的前面，符合「義」的利益才能追求，反過來則視如浮雲，不屑一顧：

有子曰：「信近於義，言可復也。恭近於禮，遠恥辱也，因不失其親，亦可宗也。」（蔣伯潛，2000：10）

樊遲請學稼。子曰：「吾不如老農。」請學為圃。曰：「吾不如老圃。」樊遲出。子曰：「小人哉！樊須也。上好禮，則民莫敢不敬。上好義，則民莫敢不服。上好信，則民莫敢不用情。夫如是，則四方之民，襁負其子而至矣！焉用稼？」（蔣伯潛，2000：145）

子路問成人。子曰：「若臧武仲之知，公綽之不欲，卞莊子之勇，冉求之藝；文之以禮樂，亦可以為成人矣！」曰：「今之成人者何必然！見利思義，見危授命，久要不忘平生之言，亦可以為成人矣！」（蔣伯潛，2000：158）

由此可看出孔子「義」的思想，有多麼重要。不僅在追求金錢利益要以「義」為基礎，在上位者也需要以「義」來統治或帶領黎民百姓，方可使國家或公司長治久安。而這種「義」的思想，也充分的展現在臺灣的民間信仰中。針對我們去廟裡拜拜所燒的金銀紙錢所得者是神明還是另有對象，受訪的法師和乩童都表示：

神不用吃喝，出門也不用搭交通工具，所以根本不需要使用金錢。廟裡焚燒的金銀紙錢，是給祂旁邊的部將使用的。（訪 D 摘 2011.03.03、訪 B 摘 2011.03.10）

當我們去廟裡祈求神靈的保佑時，在燒香拜拜後，總會虔誠的拿起供桌上的金銀紙錢到金爐裡焚化，而焚化的紙錢最終的接收者不是高高在上的神明，而是其身旁的部將。在「君子愛財取之有道」思想的驅使之下，獲取錢財的部將勢必要聽從神明的指示，替人們完成祈求的心願。三者間的關係如下：

圖 5-3-1　鬼神收受金銀紙而給所求的回饋與付金銀紙的代價以希冀福佑的
　　　　　保障以及現實界金錢遊戲的跨界展望三者關係圖

　　每當祈求的願望實現時，人們總會再回去當時祈求願望的廟宇還願，或者是藉由廟宇每年都會固定有兩、三次的「賞兵」儀式來感謝神靈的庇佑，而不管是還願時所燒的金銀紙，抑或是賞兵儀式後所焚燒的大量金銀紙。倘若從錢財心理學來論說現實界金錢遊戲的三種類型與神鬼收受金銀紙而給所求的回饋之間的相關性，也不難發現彼此是有密切關係的。在此也先舉一則實際的例子以為佐證：

　　有一次大白天中，我竟睡了還作了夢，學校老師抱著我的孩子。我痛哭，孩子早上健健康康的出門……我淚濕了驚醒過來……告訴先生，並去廟裡拜拜，拜完後，我擲杯，連擲了三個杯，都是聖杯，告訴我兒子會有事情，所以在夢中點醒我。我告訴媽祖說：「我只有這個獨子，你要救他，讓他大事化小、小事化無。」我離開廟，就直接去學校接放學的兒子，兒子一上車：「爸、媽，我打掃時間要下樓梯時，我人從樓梯上跌了下來」……兒子天真的告訴我們說：「我一點傷都沒有！」先生告訴兒子是媽祖救了他。（琳姬，2003：74）

　　從此實際發生的案例，可推論出現實界金錢遊戲的三種類型與付金銀紙的代價以希冀福佑之間以及鬼神收受金銀紙而給所求的回饋是有關連的：（一）進行交易：人去廟宇誠心祭拜祈求平安並焚燒金銀紙來獲得神靈的保佑，保佑他們的小孩能大事化小、小事化

無；（二）從事投資：人去廟宇祭拜並祈求會出事的小孩，能大事化小、小事化無，這不就是另一種投資小錢（花少許的金錢購買香和金銀紙，祈求獨子能平安）賺大錢（獲得媽祖的庇佑，使兒子平安無事，省下不少的醫療費用）的明證；（三）獲取權力：送愈重的禮給屬下，越能籠絡他們的心。一般而言，我們通常會送地位愈高的人愈重的禮，地位愈低所送的禮愈輕。然而，只要上司送貴重一點的東西給屬下，便能獲得屬下對上司的向心力。禮物的厚薄，和受禮者的社會地位有很大的關連……當屬下收到意想不到的禮物時，首先會感到很驚訝，繼而感到很欣喜，最後對上司感到很感激……也使屬下對上司充滿了好感。（琳姬，2003）

　　從社會地位來看人與神靈的位階關係，人是下屬而神靈是上司。因為媽祖庇佑他們的獨子平安無事，因此更加鞏固祂在他們心目中難以取代的地位。倘若從下面的現實界金錢遊戲的跨界實現與付金銀紙的代價以希冀福佑的保障以及神鬼收受金銀紙而給所求的回饋關係圖，也將能更清楚的看出其與金銀紙的貨幣課題之間的關係：

圖 5-3-2　燒金銀紙與鬼神收受金銀紙而給所求的回饋關係圖

　　若從文化的五個次系統的關係網路去看神鬼收受金銀紙而給所求的回饋與付金銀紙的代價以希冀福佑的保障以及金錢遊戲的跨界實現三者間的關係，三者都處於規範系統中：

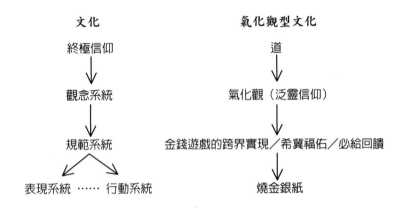

文化　　　　　　　　　　氣化觀型文化

終極信仰　　　　　　　　　　道

觀念系統　　　　　　氣化觀（泛靈信仰）

規範系統　　　金錢遊戲的跨界實現／希冀福佑／必給回饋

表現系統 …… 行動系統　　　　　燒金銀紙

圖 5-3-3　鬼神收受金銀紙而給所求的回饋五個次文化系統關係圖

　　人給燒金銀紙給神鬼，希冀能獲得神鬼的回饋，當神鬼給於人欲求得的回饋，而神鬼收受金銀紙的行為，從經濟學的角度來看就是所謂的「報酬」。孔子並不反對以犧牲來換取報酬：

　　子曰：「自行束脩以上，吾未常無悔焉。」（蔣伯潛，2000：79）

這就是一種報酬的觀念。因此，孔子對於有犧牲而不取報酬，不以為然：

　　魯國之法，魯人為臣妾於諸侯，有能贖之者，取其金於府。子貢贖魯人於諸侯，來，而讓不取其金。孔子聞之曰，賜失之矣！自今以往魯人不贖人矣！取其金則無損於行，不取其金則不復贖人矣！子路拯溺者，其人拜之以牛，子路受之。孔子曰，魯人必拯溺者矣。（侯家駒，1983：30）

這兩則故事都有很大的啟示，子貢與子路都有善行，子貢辭謝報酬，孔子覺得這樣做是不對的；子路接受報酬，孔子認為這樣做是對的。這完全都是為了長遠著想，如果將報酬之路堵塞，則也等於杜絕了犧牲、努力與投入。（侯家駒，1983：30）

第四節　兩界通財的紐帶在信字上

在中國傳統中，「信」是一個非常重要的德性。而孔子也認為「信」比兵、食更重要，所謂「自古皆有死，民無信不立。」（蔣伯潛，2000：131）其實這不外就是曾子所理解的孔子的「一貫之道」的另一個面相的表現，所謂「夫子之道，忠恕而已矣！」（蔣伯潛，2000：43）朱註：「盡己之謂忠，推己之謂恕」。（劉述先，2001：71）「信」字在儒家思想中佔有舉足輕重的角色，因人在從事任何事情時，不論這件事情是大是小，除了要以「仁」為基礎之外，也須顧及彼此之間的「信」，也就是彼此之間要有誠信或信用，尤其彼此之間牽扯上交易行為時，誠信或信用方能使彼此間的關係能長能久。若從現實界金錢遊戲來看待人付金銀紙給鬼神所希望獲得的福佑和神鬼收到金銀紙所給予的回饋，兩界間彼此也都建立在「信」字上，其關係如下：

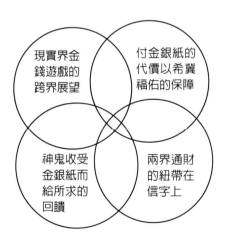

圖 5-4-1　鬼神收受金銀紙而給所求的回饋、付金銀紙的代價以希冀福佑的
保障與兩界通財的紐帶在信字上以及現實界金錢遊戲的跨界展望四者關係圖

　　從前兩節實際發生的案例，可推及出現實界金錢遊戲的三種類型
與付金銀紙的代價以希冀福佑的保障之間與鬼神收受金銀紙而給所
求的回饋以及兩界通財的紐帶在信字上是有關連：（一）進行交易：
人去廟宇誠心祭拜祈求平安並焚燒金銀紙來獲得神靈的保佑，保佑他
們的小孩能大事化小、小事化無，因為人相信神靈能；（二）從事投
資：人去廟宇祭拜並祈求會出事的小孩，能大事化小、小事化無，這
不也就是另一種投資小錢（花少許的金錢購買香和金銀紙，祈求獨子
能平安以及事業順利）賺大錢（獲得媽祖的庇佑：第一，小孩平安無
事，省下不少的醫療費用；第二，事業順利賺大錢）的明證；（三）
獲取權力：人所求的事情，神鬼都有給予回饋。神靈在人的心中建立
起難以取代的崇高地位。倘若從下面的現實界金錢遊戲的跨界實現、
付金銀紙的代價以希冀福佑的保障與神鬼收受金銀紙而給所求的回
饋以及兩界通財的紐帶在信字上的關係圖，也將能更清楚的看其與金
銀紙的貨幣課題之間的關係：

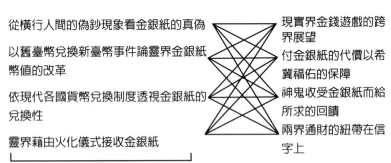

圖 5-4-2　兩界通財的紐帶在信字上的與燒金銀的關係圖

　　倘若從文化的五個次系統的關係網絡去看神鬼收受金銀紙而給
所求的回饋、付金銀紙的代價以希冀福佑的保障與兩界通財的紐帶在
信字上以及金錢遊戲的跨界實現四者間的關係，四者顯然也都處於規
範系統中：

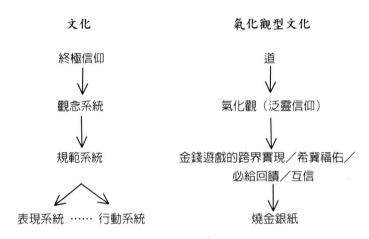

圖 5-4-3　兩界通財的紐帶在信字上的五個文化次系統關係圖

因此，在儒家思想中也常提及「信」字，而「信字」的重要性小至與人相處：

> 曾子曰：「吾日三省吾身：為人謀而不忠乎？與朋友交而不信乎？傳不習乎？」（蔣伯潛，2000：5）

> 子夏曰：「賢賢易色；事父母能竭其力；事君能致其身；與朋友交，言而有信；雖曰未學，吾必謂之學矣！」（蔣伯潛，2000：7）

大至為人處世、治理國家都很重要：

> 子曰：「道千乘之國，敬事而信，節用而愛人，使民以時。」（蔣伯潛，2000：5）

> 子曰：「人而無信，不知其可也。大車無輗，小車無軏，其何以行之哉？」（蔣伯潛，2000：26）

> 子張問崇德、辨惑。子曰：「主忠信，徙義，崇德也。愛之欲
> 其生，惡之欲其死，是惑也。『誠不以富，亦祇以異。』」（蔣
> 伯潛，2000：133）

> 子張問行。子曰：「言忠信，行篤敬，雖蠻貊之邦行矣！言不
> 忠信，行不篤敬，雖州里行乎哉？立，則見參於前也。在輿，
> 則見其依於衡也。夫然後行。」子張書諸紳。（蔣伯潛，2000：
> 175）

由上述可知，儒家所謂的「信」不僅可以指人與人之間依賴的關係，
也可以指商人在交易中的契約關係（成中英，2005：176），還可以指
治國以及為人處世的大道理。我們無論是對自己，還是對他人，都必
須緊守誠信的原則。人必須要忠於自己，才能把自己最好的可能性充
分發展出來。而己立立人，己達達人，以赤子之心對人，才能得到相
應的回報。（劉述先，2001：71）

第六章 金銀紙的審美性

第一節 從美感角度看金銀紙

　　無論在東方或是在西方，美學思想的發展都已有兩千多年的歷史。但是，美學作為一門學科，它的名稱卻出現得很晚。美學學科的名稱 Aesthetica，是德國哲學家鮑姆加通（A. Baumgarten）所謂的「Aesthetica」還不是我們今天意義上的「美學」。按照鮑姆加通的意見所示：「Aesthetica 的對象和範圍是比『審美』廣泛很多的『感性認識』。」他的定義是：「Aesthetica（自由藝術的理論、低級認識的學說、用美的方式去思維的藝術、類理性的藝術）是感性認識的科學。」由於鮑姆加通把「感性認識的完善」和「美」連繫了起來，並且用相當篇幅討論了審美問題，致使後人把「Aesthetica」和「美學」等同起來。在 18 世紀的歐洲，流行三種意義相當而稱呼不同的名稱：（一）美的科學；（二）藝術哲學；（三）Aesthetica。（葉朗，1993：3～4）那何謂美學？美學就是研究人對現實（特別是藝術）的審美（創造與欣賞）活動的特徵和規律的科學。簡單的說，是研究審美規律的科學，也就是審美學。下屬分支有「生活美學」（主要研究對生活美的審美規律）和「文藝美學」（主要研究對藝術美的規律）。其研究的對象包括：人對現實的審美關係產生和發展的規律；美的本質、形態（自然美、藝術美、社會美等；內容美與形式美）與範疇（優美、醜、崇高、滑稽、悲劇性、喜劇性等）；文藝的美學特徵，文藝創作與欣賞的規律；審美意識的本質，美感的特徵、產生與發展規律；審美理想、趣味、觀點與標準；審美教育的特點與原則等。（王世德主編，1987：1）

　　美是形而上地高高在上的，但美的完成卻與下層次的生理作用息息相關，正如物質與心靈的關係一樣。一個具有高文化修養的人企望於高水平的精神享受；然而對他來說，要追求高層次的心靈享受，身體的健康是基本因素。一個病人對美有什麼感應？眼的清晰視力能吸入大自然所賦予的每一種顏色，享受這彩色繽紛的世界美，這對一個色盲來說完全是一片空白。健全的聽覺可以辨清宇宙間每一種聲音，進而欣賞到燕子的呢喃、麻雀的唧唧、夜鶯的悠揚，以及音樂的音海。視覺與聽覺是我們最重要最高層次的感覺器官，因為它們容易達到我們的心靈之眼。就具有無比魅力的音樂來說，做一個瞎子並不比做一個聾子苦命。關於這點，莎士比亞曾投下慧光說：「假如我沒有眼只有耳，我的耳朵能愛那內在的美，視而不見的美。」眼看色彩世界能看得見的東西，受視力的限制。然而耳朵，尤其在閉著眼睛不受外界干擾之際，藉著音樂無限魅力空間的推動吸入了幻象世界的無盡廣延。像味覺與觸覺這些有機功能算比較低層次的，由於它們雖可以喚起某些生理上的快感，實質上不夠分量，也無力產生美。（葉朗，1992：41）而美是美感的客觀現實基礎，藝術形象是美學研究的主要對象。但儘管如此，我們的研究卻要從最抽象的美感開始。（李澤厚，1996：4）

　　美感作為一種最常見、最大量、最普遍、最基本的社會心理現象，出現在人類的日常生活中。我們到處都可以碰到它，例如：「這花多美啊」、「這本小說真好」……自然和藝術的美就這樣反映和表現在人們的美感經驗中。美感在這裡，就正如商品在政治經濟學的研究中，以及概念在邏輯學的研究中一樣，是一種最單純而又最複雜、最具體而又最抽象的東西。它所以單純而具體，是因為如上所說的，它是人類生活中大量反覆出現的最基本最簡單的心理現象，人們可以直接具體地感受它、保有它。作為社會動物的人類都有或多或少的審美能力，都能在不同程度上反映、欣賞美的存在，雖然隨著歷史時代和文化教養的不同，其中有著很大的差異。美感又所以複雜而抽象，是因為就在這個最簡單最基本的心理活動的現象中，在這個美學學科的細

胞組織——審美感中，卻孕育著這門學科許多複雜矛盾的基元，蘊藏了這門學科的巨大秘密。不深入揭開這些矛盾與秘密，美感對我們來說，就只能算作是一種缺乏真實具體內容的貧乏的抽象東西。（李澤厚，1996：4）

　　審美是人類對世界的一種特殊體驗。它既不是感性認識，也不是理性認識。但是，在康德（I. Kant）以前，人們要麼從經驗主義的方面去歸納美（所謂自下而上），要麼從理性主義的方面去演繹美（所謂自上而下）。這兩個方向分別代表了亞里斯多德（Aristotle）與畢達哥拉斯（Pythagoras）為主要源頭的美學形態。前者雖然是個集大成者，但卻開創了經驗描述和事實觀察的理論形態；後者在時間上比前者少，專注於發現那支配著宇宙萬物的看不見的「和諧」（數理規律）。到了十八世紀，英國經驗主義者和大陸理性主義者把美學推向一個高點：前者把其注意力集中於審美的物質基礎；後者則發現美和美感的特殊性，由此正式建立一門專門研究「朦朧的感性認識」的所謂「類理性」的科學。同時以賀拉斯（Horace）的古典古義詩學和西賽羅（Cicero）的修辭學（雄辨術）為主要源頭的藝術學研究也興盛起來，它著重去發現和總結文藝創作的外在規則，對具體的藝術作品進行描述、解釋、認識和評價。當時就有人將這樣一種藝術學的、相對具體的認識論研究甚至連同藝術本身，稱作「美的科學」。這可算作第三種美學形態。在康德看來，以上三種美學形態都不能算真正的美學。早在 1970 年發表的《判斷力批判》中，康德已經徹底否定了這三種形態，他指出：

> 不存在一門關於美的科學，只存在關於美的評判；也不存在美的科學，只存在美的藝術。因為若存在前者所涉及的東西，那就應當在其中用科學的方式，也就是通過論據來證明，某物可否被證實為美或不美；這麼一來，關於美的判斷就屬科學，而不是鑑賞判斷了。致於後者，若真的存在這一種美的科學的話，那更是荒唐……至於是什麼原因引起通常說的「美的科學」

這種稱呼，無疑不是別的，正是人們完全正確地注意到的，美
的藝術在它的整個圓滿性裡涉及許多科學的東西……美的藝
術之所以需要這些歷史科學，是因為他們構成了美的藝術必要
的準備和基礎，部分原因也是因為美的藝術作品的知識屬於歷
史科學範疇，由於概念的混淆，藝術本身也被稱作美的科學
了。（葉朗，1993：13）

這就是說，一般常識中的科學，無論是歸納還是演繹，無論是經驗感
覺的東西還是理性思維的東西，都跟審美判斷無關；而狹義的藝術科
學或文藝理論，由於屬於一般科學範疇，也就跟美學劃清了界限。顯
然，作為審美的藝術體驗，屬於超越生活經驗的、暫時還不被了解的
另一個領域。（葉朗，1993：14）而我國民俗信仰中使用的金銀紙雖
然屬於生活經驗的，但是它還是一個暫時還不能被了解的領域，所以
屬於審美藝術體驗的一環。倘若從文化五個次系統來看金銀紙的美
感，則它屬於表現系統，其圖示如下：

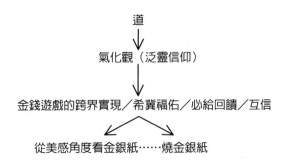

氣化觀型文化

道

氣化觀（泛靈信仰）

金錢遊戲的跨界實現／希冀福佑／必給回饋／互信

從美感角度看金銀紙……燒金銀紙

圖 6-1-1　從美感角度看金銀紙的五次文化次系統圖

何謂美感？美感是審美主體對客觀存在美的能動的反映，是一種
最常見、最普遍、最大量、最基本的社會心理現象，是審美主體在對
美的事物反映中所得到的精神上的愉悅和享受。一般說來，美感有廣

義和狹義兩種不同的含義。廣義美感又稱審美意識，指的是審美意識活動中的各個方面和各種表現形態，包括審美感受，以及在審美感受基礎上形成審美觀念、審美理想、審美經驗、審美情趣、審美判斷等；狹義的美感則指審美主體對客觀存在的美的對象或對象的美的具體感受，這是主體在美的創造和欣賞活動中的一種特殊現象。審美感受是審美意識的核心部分。（歐陽周等，1993：154）倘若以上述對美感定義的劃分為基礎，那麼本章所要談的金銀紙的美感則屬廣義的美感。伊格頓（T. Eagleton）的《美學意識形態》指出了在尋求本質化和超越性的藝術定義的同時，這個傳統其實強化了有關主體、自由、自主性和普遍性的特定概念，這使得美學和「現代階級社會的主流意識形態的建構密不可分」。因此，美學和藝術一樣，同樣是受到意識形態和歷史制約的一套論述……然而，一般咸認由影像主導的後現代世界，已經製造出全面「美學化」的社會。這種論點以為，一切都可以視為時尚、品味及風格，美學不再具備任何獨特的領域或實踐可以供它據以獨立自處，或是跟外界發生連繫。（布魯克〔P. Brooker〕，2003：3～4）

那麼在美學學科發展的現階段，美學知識系統應該包括哪些分支學科？有學者認為：

> 審美活動作為人類的一種精神活動，有著無窮多的側面，但是對於我們把握審美活動來說，最重要的有八個方面。對這八個方面的研究，就形成了八大分支學科。這八大分支學科，正好分別地接受一門或幾門相鄰學科的滲透，形成各自獨特的視角和方法，成為從不同側面透視審美活動的窗口。這八大分支學科是：（一）審美形態學：是考察人類審美活動在不同歷史階段和不同文化圈中，如何凝結成代表文化大風格的審美範疇形態，它們如何影響人們的審美觀念和藝術創造，以及它們自身又如何發展演變的一門美學分支學科。（二）審美藝術學：是把藝術作為一種最典型的審美活動來進行研究的美學分支學

科。它與藝術學相關,但又不同於藝術學。它所關心的是藝術的本體以及與此相關的一系列審美藝術學的課題。(三)審美心理學:是描述、解釋審美活動中主體心理過程的特點和機制的一門美學分支學科。它與心理學密切結合,吸收心理學的方法、原理和概念,系統地揭示審美感興的性質、類型和動態構成。(四)審美社會學:是研究審美活動與社會的相互關係的一門美學分支學科。它吸收社會學的研究成果,圍繞審美文化進行社會學的研究。(五)審美教育學:是探索如何通過審美活動來塑造人,促成審美個體向自由人格理想全面發展的一門美學分支學科。它與現代教育學相結合,著力揭示個體審美發展的途徑、方向和規律。(六)審美設計學:是探討人類審美活動起源的一門美學分支學科。它吸收現代人類學、神話學、民俗學等學科的研究成果,運用抽象的理論思維方式,對審美理論思維方式,對審美發生作出推測和假說。(八)審美哲學:是對審美活動進行哲學探索的一門美學分支學科。它以馬克思主義哲學為基礎,吸收東方哲學和西方哲學的智慧,對於審美活動的本質等問題進行哲學的、形而上的思考。審美哲學的核心範疇是審美體驗。(葉朗,1993:33~35)

從上述審美八大分支學科來歸納本章節所涵蓋的學科範圍為審美形態學、審美社會學、審美設計學以及審美哲學等四分支的學科。圖示如下:

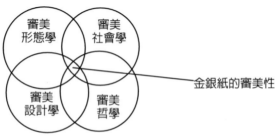

圖 6-1-2　金銀紙審美性的審美學科涵蓋圖

　　美感起源於人類社會實踐，並隨著社會實踐的變化而變化。人類的審美意識，深受當時的生產方式所決定和制約。正是人類生產力的發展水準，決定了當時的人們有這樣並非別樣的審美觀念和情趣。然而，人類的美感不可能停留在起源狀態，它在人類的歷史進程中不斷豐富和發展。這首先表現在人們的審美對象的日益增多、審美範圍日益擴大，越來越多的客體或客體的某些方面進入了人們的審美視野。由於交通事業的發達和現代科學技術的採用，荒蕪浩瀚的戈壁、波濤洶湧的海洋、極地的極光和冰山，以及火山爆發時令人心涼的壯觀等等，已經進入人們的審美範圍，隨著現在科學技術日新月異的進步，宇宙中的奇異景象，微觀世界精美得如織錦般的結構形式，也開始進入人們的審美領域。其次，由於主體社會化感受的多樣性、豐富性和開拓性，反映在美感內容上也日益豐富和深化。（歐陽周等，1993：163～164）

第二節　金銀紙使用的優美

　　古希臘的畢達哥拉斯學派認為圖形中最優美的是地球和圓形。中世紀義大利的阿奎那（St. Thomas Aquinas）認為美有三要素：完整、和諧、鮮明。英國哲學家培根（R. Bacon）認為美的菁華是秀雅合適的動作。英國畫家荷迦茲（W. Hogartu）提出蛇形線是最美的線條。英國政治家博克（E. Blog）分析美的事物的特徵為小、光滑、逐漸變化、不露稜角、嬌弱及顏色鮮明而不強烈等。英國學者史賓賽（H. Spencer）認為優美是「筋力的節省」。法國作家雨果（Hugo）說美是一種和諧完整的形式。（葉朗，1993：71～72）從以上各學者對優美的定義歸納可發現，我國民俗信仰中金銀紙的使用，可將英國哲學家培根、英國學者史賓賽和法國作家雨果等三者的理論帶入。因此，可推論出我國民俗信仰中金銀紙的使用是屬於優美的範疇之一，並將其置於文化五個次系統圖中，可清楚明瞭金銀紙使用的優美與前節甚至上一章彼此間的關聯性。圖示如下：

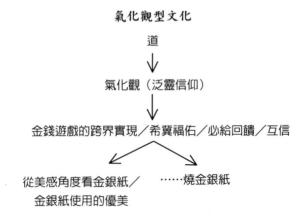

圖 6-2-1　金銀紙使用的優美的文化五個次系統圖

　　「優美」又稱「秀美」。審美範疇之一,其與崇高或壯美相對,是美的具體表現型態之一。其審美的對象在形式方面一般都具有小巧、柔和、淡雅、細膩、光滑、圓潤、精緻、輕盈、舒緩、柔嫩、絢麗、漸次的流動變化等特徵;在內容方面一般都不呈現激烈的矛盾衝突,而表現為矛盾雙方的暫時相對靜止狀態。在形式和內容的關係上則表現為十分協調。就整體而言,優美對象的基本特徵是內外關係的和諧。在具體審美的過程中,人對優美對象的感受,也在主體和客觀對象融合無間的和諧關係中進行。其往往與人形成和諧關係,容易被人接受欣賞,因而是人類在實踐活動中最先發現的客觀事物的一種審美屬性。它在人類審美意識還不複雜、審美經驗還不十分豐富的古代,是人們主要的審美對象。(王世德主編,1987:54〜55)

　　我國古代雖然沒有像西方那樣明確提出過「優美」的概念,但歷年來也有和它相當的關於陰柔之美和陽剛之美的論述。因陽剛柔的思想,早在公元前 10 世紀的《易傳》中就提出來了。生活在 18 世紀的姚鼐對這兩類美發表過很具代表性的意見,他在〈復魯契非書〉中說:「……天地之道,陰陽剛柔而已。文者,天地之精英,而陰陽剛柔之

發也。」接著列舉了大量現象來說明陰柔之美和陽剛之美。他把雷霆閃電、出谷長風、崇山峻嶺、裂岸巨川、奔馳騏驥、烈日大火、勇士決戰等等，歸為陽剛美；把清風白雲、煙霧彩霞、幽林曲澗、漣漪水波、生輝珠玉等等，歸為陰柔美。近代王國維引進西方美學思想，才指出「美學上之區別美也，大略分為兩種：曰優美，曰宏壯。自巴克（博克）及汗德（康德）之書出，學者殆視此為精密之分類也」。（歐陽周等，1993：122）

優美是一種單純、常態的美。美在於和諧，是人們對於美的最初認識。這個「美」，就是優美，其基本特性就是和諧。古希臘哲人赫拉克利特（Heraclitus）說：「相互排斥的東西結合在一起，不同的音調造成是美的和諧……自然是由聯合對立物造成最初的和諧，而不是由聯合同類的東西。藝術也是這樣造成和諧的，顯然是由於模仿自然。」我國在孔子之前也已經提出了以「和」為美的思想。據《國語・鄭語》記載，史伯就有「和五味以調口」、「和六律以聽耳」的說法；還提出「聲一無聽，物一無文，物一無果」，這都說明人們早就認識到多樣性的統一，就是和諧，就是美——準確地說，就是優美。（歐陽周等，1993：123）要談儒家中的「和」，我們須從《周禮》去著手探討。《周禮・春官宗伯》中有一段話說到中國古代的「樂教」。那段話的意思是說要以「樂德」、「樂語」、「樂舞」來教習「國子」，使他們的道德、言語、舉止都符合「成均之法」。所謂「成均之法」的「均」就是「調」的意思，也就是指對音樂各要素的調和。所以「成均之法」是音樂得以成立的基本條件之一。而「成均之法」的最高準則就是「中和」。而「樂教」和「禮」是有關係的。中國古代向來把「禮」、「樂」並提。「禮」本來是祭神祭祖的儀式，不僅規定了祭祀者的血緣關係與社會關係的宗法地位，成為倫常秩序；而且禮本身也是一套動作，由身體的進退出入俯仰而組成，並且在祭祀時是隨著音樂的節奏進行的，所以也有一個「成均之法」的問題。對「禮」的基本規定是「敬文」或「節文」。「文」是文飾，以文飾這種可以看見的外表表達內心的敬意，就叫做「敬文」。但「文飾」很容易「過」，過頭、過火，因

此要把節制與文飾二者調合起來，使其避免「過」與「不及」，適得其中，這叫做「節文」。（葉朗，1993：62）

孔子說：「興於詩，立於禮，成於樂」這說明他對透過藝術活動將人生的最高價值在審美中予以實現有著高度的自覺。他的一生就是在日日絃歌中度過的。《論語·述而》提及：「子於是日哭，則不歌。」由此可知，除了那天孔子特別悲傷之外，他差不多每天都要絃歌。即使在被困於陳蔡野地，也要以音樂作為精神的安慰劑，可見「樂」對於孔子精神生命的重要。他不僅重視音樂對於人格修養的意義，而且還重視一切「人文」形式對於人格修養的意義。他認為無論是社會生活，還是每個個人，都不能沒有「文」。也就是說，社會與人都應該具有審美的形式。但是更重要的是要深刻理解和把握「文」後的「質」，就是所以然的那個精神內容。對於空有審美形式的「文」，孔子曾憤怒地說過：「禮云禮云，玉帛云乎哉？樂云樂云，鐘古云乎哉？」確立了儒家這一「樂教」、「詩教」、「禮教」的傳統，就是人生既要藝術化，又要以仁義為精神內涵和依歸的傳統，對中國封建社會整個審美文化的影響是極其深遠的。它的積極作用是當審美文化（主要是藝術）的種種形式流於形式化，溺於文飾而無內容時，喚起藝術承擔社會、人生的責任，提醒審美形式注意自己對生活與人格的塑造力量，不要在風花雪月、聲色犬馬、淫辭麗藻中玩物喪志。它的消極作用表現在兩方面：一是孔子所總結和確立的「仁」與「義」的精神內容，在被統治階級教條化、神聖化、意識形態化後，成了僵硬、專制的精神桎梏，成為統治階級扼殺在審美文化中出現的任何新精神的堂皇而神聖的利斧；二是孔子對審美人格以及反映審美人格的文學藝術所提出的中和的、溫柔敦厚的風格，在被奉為普遍的、最高的、甚至是絕對的規範時，也就變得極不近人情。（葉朗，1993：63～64）

然而，優美的特性所以是和諧，其實質是因為在對象世界中人的本質力量和客體並沒有表現為激烈的抗爭，而是表現為主體在實踐中經由矛盾對立而達到矛盾解決，進入統一、平衡、和諧的狀態。其不

僅體現在主體和客體的統一中、體現在和目的性和合規律性的統一中，也體現在內容與形式的統一之中。（歐陽周等，1993：123）

　　優美的形式特徵本身並不能說明自己為什麼就是優美。我們必須進一步分析優美的型態結構特徵。完整與和諧，就是優美這一型態的「機體」結構特徵和「積體」結構間的機能性關係特徵。所謂「完整」就是說它是一個統一、單純而自足的整體，人們感覺不出它有什麼缺陷或累贅。而這種「完整」的效果依賴於內在的「和諧」。所謂內在的和諧，是指該事物的各個結構因素間相輔相成，共同趨於「完整」這一效果的結構關係。結構的因素之間不能彼此凌越、干擾、甚至否定。對於主體來說，優美的事物必須是一個確定的、可立即接近的、完整的秩序、井然的集合體。它必須對主體產生這樣的效果，就是把主體的關注侷限在具體感性的個體上，把眼光從遙遠的地方拉回到「切近」和「靜穆」之中。而要做到這一點，對象必須符合以下要求：（一）有一個單純的焦點成為統一的中心；（二）這個「切近」而「靜穆」的個體既不指向抽象的普遍性也不炫耀抽象的個別性，而是游離於二者之間。也就是說，在優美的對象身上，普遍性與個性都不倚重和單獨凸出；（三）這個對象的背景（就是黑格爾〔G. W. F. Hegel〕說的「神性」，哈特曼〔P. Hartmann〕說的「認識活動企圖獲得的東西」，也就是我們常說的「內容」、「意蘊」）與前景（就黑格爾說的「個性」，哈特曼說的「感性的外層」，也就是我們常說的「形式」、「外觀」）的關係必須是透明的。不過，對於審美主體，對象的「感性的外層」（前景）以其透明性而涵映其背景於自身，所以感知覺對於對象的「感性的外層」的流連較之理解力對於對象的背景的思致，在優美這一型態中是更主要的，因而前景比背景佔優勢。而要做到這一點，則背景不能太深，這也就要求優美的事物不能有深奧的令人陌生的意蘊，也不能有複雜的令人焦躁的外觀。就是說單純（而非單調）是優美的重要特徵。（葉朗，1993：72～74）倘若從量的特徵方面來看：優美的事物一般形體輕巧、力量較小；從形式方面來看：優美是規則與柔和，其事物一般符合對稱與均衡、比例與勻稱、節奏與韻律等形式美的法

則，表面光滑，多曲線、弧線，多呈圓形、橢圓形，不露稜角，顏色
鮮明而不強烈，音調諧和甜柔；倘若從狀態方面來看：優美是靜態美，
由於其事物不呈現主體和客體激烈的矛盾衝突，而表現為由對立雙方
矛盾的解決所達到的平衡、統一、和諧，因此充滿著協調、平和，本
質上具有趨向於靜的特點，是一種以神采、氣韻見勝的陰柔美、靜態
美。所謂靜態，是從事物的本質特徵上來說的。從表面上來看，其事
物也有處於轉動之中的，但其運動態勢是舒緩的、平穩的，趨於靜態
的。（歐陽周等，1993：124～127）接下來要探討優美的美感特徵。
其特徵可分為以下幾點：（一）優美的事物引起的是單純的平靜的愉
悅感。當優美感產生時，審美的主體肌肉會鬆弛、血脈暢和，感到輕
鬆愉快、恬適優雅，其極致便是「心曠神怡，寵辱皆忘」的境界；（二）
優美的事物由於嬌小、輕巧、秀雅、惹人喜愛，讓人感到親切。倘若
從審美功能來看優美的功用主要可分為以下兩點：（一）使生活充滿
樂趣，有益於身心健康。優美的自然環境、生活環境，對於勤於勞作、
勇於奮鬥的人們來說，能夠保持生理上與心理上的平衡，是十分需要
的。人如果成天處於亢奮、激昂的狀態，會因為過度興奮而疲勞，身
心失調，不利於工作和生活，甚至造成嚴重的疾病。而觀賞優美的自
然景物、藝術作品，則會讓人心情舒暢，自由、和諧，處於良好的心
境之中，有益於工作和生活；（二）經常受到優美事物的薰陶，人會
品性純潔、風度優雅、感情細膩、待人和藹。（同上，127～129）

根據上述，約略可知金銀紙使用的優美性所在。首先，倘若從英
國哲學家培根的美的定義，那麼美的菁華在於秀雅合適的動作，而這
一定義剛好符合焚燒金銀紙前將紙錢一張一張摺好動作，以方便燃
燒。在摺金銀紙時，動作以及力道都不可太大，也不需要大動作和大
力道就能將金銀紙摺好；這種力道及動作適宜的景象，符合培根對美
的認知。而這種摺金銀紙的景象，也符合英國哲學家史賓賽所認為的
優美是「筋力的節省」以及法國作家雨果所認為的「美是一種和諧完
整的型式」等對美的定義。而人對金銀紙使用的優美感受，是在主體
（人）和客觀對象（神鬼）之間形成和諧的關係；也因為這一主客體

間和諧的關係，所以容易被接受欣賞。其次，倘若從優美的形式方面來看，優美是規則與柔和，而金銀紙的使用在民俗中有一定的規則，包括金銀紙的種類以及尺寸（張懿仁，1996；張益銘，2006）、各種金銀紙使用的對象（詳見第三章）以及使用的先後順序（詳見第七章第一節）等都是有規則可言的。再次，倘若從優美的美感特徵來看可發現，我們在燒金銀紙時，會使我們的身心處於一種放鬆的狀態，肌肉會鬆弛、血脈暢快和順，會有一種如釋重負產生的輕鬆愉快的感覺。最後，從優美的審美功能來看，我們可發現燒金銀紙後，因是祭拜神明的最後一個儀式，象徵著所求的事都已經到達天聽，並相信神靈會替其完成所求事物，而使祭拜者心情舒暢，有益於身體健康。從以上具體的情況，我們便不難發現金銀紙的使用是優美的美感類型了。

第三節　金銀紙中所蘊含的崇高美

　　古羅馬美學家隆嘉納斯（P. Longinus）曾寫過一篇〈論崇高〉的文章，但是對於崇高的真正理論探討則開始於近代。較早的是英國的伯賴特（Burright），但他沒有使用崇高一詞，而稱為「龐大的自然現象」。在他看來，「龐大的自然現象」具有一種「威嚴與堂皇」，能刺激心靈的偉大思想和情感，使我們感謝上帝和上帝的偉大，使心靈受到壓抑，從而把人投入一種「恍惚與讚嘆的愉悅」之中。以後愛迪生（Edison）又提出了宏偉，他指出宏偉的審美效果使人「陷入一種驚駭的喜悅」。到了博克（E. Burke）才能第一次把崇高作為與美對立的審美範疇進行研究。（葉朗，1993：74）何謂崇高？崇高是審美範疇之一，與優美是相對的。是存在於人生活中的一種特殊審美對象，是物質形式、精神品質或二者間有的特別偉大、出眾的現象。（王世德主編，1987：55）它也稱為「壯美」，包括宏偉、雄渾、壯闊、豪放、勁健、熱烈、濃郁、奇特……一類的美。這是一種雄壯的美、剛性的美。（歐陽周等，1993：121）博克從外在形式與內在心理情緒兩方面，對比了崇高與美的不同：從對象形式看，崇高的特徵是大、凹凸不平、

變化突然、朦朧、堅實笨重等等；從主體心理看，崇高以痛苦為基礎，令人恐怖，它涉及人的「自我保存」的欲念。他說：「凡能以某種方式適宜於引起苦痛或危險觀念的事物，即凡是能以某種令人恐怖，涉及可恐怖的對象的，或類似恐怖那樣發揮作用的事物，就是崇高的一個來源。」（葉朗，1993：74）崇高的對象往往包含著醜的因素，強調恐怖的神秘。而壯美是一種單純的雄偉或壯闊，不含有醜的因素，仍是一種和諧美。有的美學家認為壯美就是崇高，但主張統稱為「壯美」。因為「崇高」這個詞一般是指那些具有高尚道德情操的人和事來說的。對自然事物不適用；而「壯美」這個詞可通用於自然事物和社會事物。現在美學界大多數人認為，「崇高」和「壯美」可歸為一類，並且仍用「崇高」來概括。（歐陽周等，1993：122～123）

　　直至康德為止，西方古典美學中的崇高美學歷經了下列三個階段：（一）隆嘉納斯的「修辭崇高」；（二）浪漫主義的「自然崇高」；（三）嘗試深究在背後支持這文體風格與美感表現類形的理念，經歷了博克和鮑姆加通的美學嘗試，於是最後產生了康德先驗哲學中的「哲學崇高」。（賴賢宗，2003：234～235）康德認為「崇高」對象的特徵是無形式，就是對象形式無規律無限制，具體表現為體積和數量無限大（數量的崇高），以及力量的無比強大（力的崇高）。他指出這種無限的巨大，無窮的威力超過主體想像力（對表象直觀的感性綜合能力）所能把握的限度，就是對象否定了主體，因而喚起主體的理性觀念。最後理性觀念戰勝對象，就是肯定主體。這樣主體就由對對象的恐懼而產生的痛感（否定的）轉化為由肯定主體尊嚴而產生的快感（肯定的），這就是崇高。他說：「我們稱呼這些對象為崇高，因他們提高了我們的精神力量超越平常尺度，而讓我們在內心裡發現另一類抵抗的能力，這賦予我們以勇氣來和自然界的權能威力的假相較量一下。」（葉朗，1993：75）

　　就崇高對象自身來看，與優美恰恰相反，它的背景（非感性的內層）與前景（感性的外層）之間的顯現關係非常矛盾。一方面「無限」，這個崇高的唯一背景，總是壓倒感性的前景，突破感性的前景，強烈

地顯現於感性的實在的情景之中，以致於主體直接與「無限」面對，那感性的前景反而顯得微不足道，或消失在背景中了。另一方面「無限」又是不能由有限的感性的前景全部顯現的，它所顯現於感性的外層僅僅是局部的、暗示的；所以崇高中有神秘的、未知的以及不可能把握的東西，這樣才造成了崇高的深邃境界。（葉朗，1993：76）而在民俗信仰中金銀紙自古以來便是一種充滿神秘的、未知的以及不能把握的一種不可或缺的祭祀品，倘若將金銀紙放進崇高美的範疇探討其美學性質，便能造成另一種崇高美的深邃境界。其圖示如下：

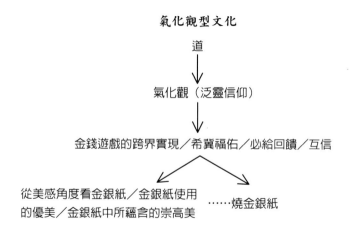

氣化觀型文化

道

氣化觀（泛靈信仰）

金錢遊戲的跨界實現／希冀福佑／必給回饋／互信

從美感角度看金銀紙／金銀紙使用
的優美／金銀紙中所蘊含的崇高美　……燒金銀紙

圖 6-3-1　金銀紙中所蘊含的崇高美的五個文化次系統圖

　　金銀紙是泛神信仰的道教中特有的產物。因此，我們可以把泛神主義的藝術看作對崇高的第一種肯定的掌握方式。這種藝術首先出現在印度，隨後出現在波斯伊斯蘭教詩人們的自由的神秘的作品裡，最後又出現在基督教的西方，思想和情感就比前二者較深刻了。就一般定性來說，實體在泛神主義階段是被看作內在於它所創造的一切偶然事物之中的，所以偶然事物還沒有降低到只是頌揚絕對的一種裝飾品的隸屬地位，而是憑它們所固有的實體來保持自己肯定的地位，儘管每一特殊事物的唯一使命只是表現和頌揚它所自出的神和太一。因

此，詩人在一切事物裡只觀照和驚嘆這個太一，把自己和一切事物都沉沒在這種觀照裡。但是畢竟還能和實體保持肯定的關係，因為把一切都聯繫到實體上。（黑格爾，1981：84）

崇高的基本特性是嚴峻衝突。人的本質力量在對象世界裡並沒有和客體和諧統一，而是處於尖銳的對立之中。客體有一股衝決一切的自身的氣勢和力量，要壓倒主體，但主體卻不被壓倒，反而更加激起自身的本質力量跟它抗爭，轉而征服客體。正是在嚴峻衝突中，人的本質力量得到比在優美事物中更加充分、鮮明的顯示。如果說優美實際上表現了人在改造世界的鬥爭中主客體雙方矛盾已得到解決，那麼崇高所表現的恰恰是主客體雙方矛盾鬥爭的過程。（歐陽周等，1993：124）而「努力向無限掙扎」，就是崇高這一審美形態的基本性質。對於藝術品來說，或者說對於任何一個審美對象來說，它自身必定不是「無限」，而是一個有限的存在物。它如果要「向無限掙扎」，達到崇高的境界，就要藉助某些「形式語言」，而「空間意識」是崇高的所有「形式語言」必須為它服務的靈魂。（葉朗，1993：77）

為了進一步認識崇高的審美特性，我們可從形態特徵上來看：首先，從量的方面看，崇高的事物形體巨大、力量強大。車爾尼雪夫斯基（N. G. Chernyshevsky）說：「更大得多，更強得多——這是崇高的顯著特點」；其次，從形式方面來看，崇高是粗獷、奇特的。它的特徵正如康德在《判斷力批判》中所指出的，是「無形式」，就是無規律、無限制。它表面粗糙、怪異，多直線、折線，常常突破或違背對稱、均衡、勻稱、節奏、和諧等等形式美的法則，各個部分很不協調，甚至還有幾分醜、幾分怪，令人驚駭；再次，倘若從狀態方面看，崇高是動態美的，其體現了主體與客體在現階段的尖銳對立和嚴重衝突，因此充滿著動盪、鬥爭，本質上具有趨於動的特點，是一種以力量、氣勢取勝的陽剛美、動態美。所謂動態，也是從事物的本質特徵上來說的。從表面看，崇高的事物也有處於相對靜止之中的。（歐陽周等，1993：124～127）倘若將崇高與優美的形態特徵相互比較，便能更加了解彼此之間的差異。如表6-3-1：

表 6-3-1　崇高與優美的形態特徵比較表

形態	崇高	優美
量的方面	形體巨大，力量強大	形體輕巧，力量較小
形式方面	粗獷、奇特	規則、柔和
狀態方面	動態美	靜態美

資料來源：整理自歐陽周等，1993：124～127

　　倘若進一步論述其美感特徵的話，可得出以下兩點：（一）崇高的事物引起的美感經歷並包含著突兀感、驚懼感、自豪感等等，是複雜的強烈的興奮感。其無須思索，直接透過感官獲得。車爾尼雪夫斯基說：「靜觀偉大之時，我們所感到的或者是畏懼……或者是對自己的力量和人的尊嚴的自豪感，或者肅然拜倒於偉人之前，承認自己的渺小和脆弱。」由於崇高的事物碩大、強勁、粗礦、怪陋，處於激盪之中，主客體嚴峻衝突，因此它給人生理上、心理上的刺激十分強烈。人們在進行審美觀照時，首先獲得的往往不是快感，而是震驚、恐怖、壓抑，人的呼吸加劇、肌肉緊張、血脈流動變快，在驚魂初定時或許會覺得自己相形之下平庸、卑微、渺小，但繼之而起的是懾服、威嚴之感；隨著理智的思索和情感的翻騰，便激起了擺脫平庸、卑微的勇氣和力量，要和對象一樣強大和有力，甚至要比對象更強大、更有力，由此而振奮而自豪，獲得精神上得滿足和愉悅，它是一種興奮感；（二）崇高的事物由於雄壯、堅強、威武，既使人興奮，又讓人覺得非凡，產生崇敬之心。而崇敬中也包含著愛，但這種愛不是表示親近的喜愛，而是含著敬佩的愛戴。（歐陽周等，1993：127～129）倘若與優美的美感特徵相比較，為顯崇高與優美彼此間的差異之處，可以歸納如表 6-3-2。

　　而崇高的審美的主要功用可分為以下兩點：（一）調節情感，消除憂傷、愁苦、鬱悶的心緒以及振奮人的精神。因其事物以巨碩、強大、偉岸、粗獷和激盪等等給人的感情以強烈的衝擊，引發出昂揚的鬥志，悲傷的心情比較容易消失；（二）崇高給人以鼓舞，使人們心胸開闊、

情操高尚、無私無畏。其事物令人敬愛、仰慕，使人感到自己與對象之間的差距，產生歸屬感和重新塑造自己以同化於對象的要求，把自己的精神提高到一個新的境界。（歐陽周等，1993：130）免不了也要讓崇高與優美在審美的功能中進形比較，所得的比較表如表6-3-3。

表 6-3-2　崇高與優美的美感特徵比較表

	崇高	優美
美感特徵	其事物引起的美感經歷並包含著突兀感、驚懼感、懾服感、威嚴感、自豪感等等，是複雜的強烈的興奮感。	其事物引起的是單純的平靜的愉悅感。
	其事物由於雄壯、堅強、威武，使人敬佩、崇尚。	其事物由於嬌小、精巧、秀雅、惹人喜愛，讓人感到親切。

資料來源：整理自歐陽周等，1993：127～129。

表 6-3-3　崇高與優美的審美功能比較表

	崇高	優美
審美功能	調節情感，消除憂傷、愁苦、鬱悶的心緒，振奮人的精神。	使生活充滿樂趣，有益於身心健康。
	給人以鼓舞，使人們心胸開闊、情操高尚、無私無畏。	經常受其薰陶，人會品性純潔、風度優雅、感情細膩、待人和藹。

資料來源：整理自歐陽周等，1993：130。

倘若追溯崇高的根源與本質，可發現其根源與本質在「人本身」。而這個「人本身」，首先，是指客觀的人類社會生活，而不能直接歸結於主觀的個體內心世界。其根源產生在人類社會生活的客觀實踐和鬥爭中，而不是根源或產生在人們主觀的觀念感受中；不是抽象的理性、無限的理性，而是實實在在的人對現實的不屈不撓的生產鬥爭、階級鬥爭和科學實驗的革命實踐，才是崇高的根源和實質。因此，社會生活中的崇高是一切崇高的本質和首要內容。社會生活在本質上是實踐的，社會生活本身就是人們改造現實的艱巨鬥爭，它本身是在鬥爭中成長發展起來的：透過嚴重的漫長的艱巨的生產鬥爭、階級鬥爭

和科學實驗的巨大實踐，人類終於迫使現實日益成為肯定自己生活實踐的對象，而產生了美。這個鬥爭、實踐的過程是多麼不容易、不簡單、多麼令人驚心動魄！人的所謂「能夠按照美的法則來生產」，不也正是他們的這種改造世界的社會實踐和鬥爭的過程。人在道德上的不朽、在審美中的崇高，其本質都在這裡。只有依靠社會的集體和力量，才能創造出生活的美來。對任何個人來說，他的崇高的本質歸根結底仍在於他體現了一種社會的存在。（葉朗，1993：216）

　　更具體的來說，金銀紙所蘊含的崇高美，在於它的讓人產生的恐怖神秘感以及含有敬佩的愛戴。由於金銀紙被視為是陽界與靈界溝通的一種媒介，在民俗信仰中被賦予了靈異的神秘感，尤其是銀紙因使用的對象為鬼魂。因此，金銀紙被視為是一種不吉祥的物品，而使人避之唯恐不及。然而，卻又不能完全的避免使用它，每逢普渡、喪事出殯以及某些宗教儀式都可見其蹤跡。而宗教儀式的使用，更讓它充滿了神秘感，也使人對它產生敬佩的愛戴。在此舉一個例子來說明：在臺灣早期醫學尚未萌發時，老一輩的人會尋求巫師或神靈的庇佑，以解身體病痛之苦，這種現象在現今醫學發達之際仍然存在著。倘若遇到久病不癒，或者是遇到身體的病痛為醫學技術無法檢查出來的，最終仍會去尋求神靈以解除身體的病痛；最常見的為求助乩童開符咒，並將符咒放入水中燒化成符咒水，用以治療久病不癒以及醫學技術檢查不出的病因，這種被視為充滿神秘色彩的不科學的醫術產生了令人難以置信的療效。在此例子中，因符咒水的神奇療效，使得金銀紙更顯其神秘感，因此也使人不得不發自內心的對它產生敬佩的愛戴感。

第四節　金銀紙可能的悲壯美

　　悲壯，又稱「悲劇」、「悲劇性」，是審美範疇之一。指形式的結構包含有正面或英雄人物遭到不應有卻又無法擺脫的失敗、死亡或痛苦，可以激起人的憐憫和恐懼等情緒。（王世德主編，1987：57；周慶華，2007a：252）然而，作為審美範疇中的悲劇，並不僅限於戲劇

類型的悲劇，還存在於喜劇和小說、詩歌、繪畫、雕塑、音樂、電影等等其他藝術樣式之中，也廣泛存在於歷史和現實的社會生活中。（歐陽周等，1993：131）而本章探討的金銀紙的審美性則屬繪畫藝術樣式的範疇：

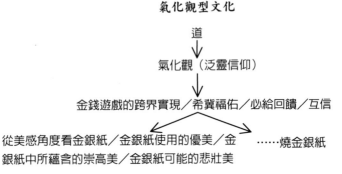

氣化觀型文化

道

氣化觀（泛靈信仰）

金錢遊戲的跨界實現／希冀福佑／必給回饋／互信

從美感角度看金銀紙／金銀紙使用的優美／金　……燒金銀紙
銀紙中所蘊含的崇高美／金銀紙可能的悲壯美

圖 6-4-1　金銀紙可能的悲壯美的五個文化次系統圖

　　悲劇的特點，就是悲。但如果社會生活、藝術作品中的悲，只能讓人悲痛、哀傷，那麼這種悲還不是作為審美對象的悲劇。悲劇本質上是和崇高相通的，特別是社會生活中的崇高，在很多情況下是透過悲劇性的衝突表現出來的。車爾尼雪夫斯基指出：「人們通常都認悲劇是崇高的最高、最深的一種」、「人們把它算作最高的偉大，也許不無道理」。因此，屬於悲劇審美的範疇對象，它雖然令人悲痛，但又確能化悲憤為力量，使人感奮振作，提高精神境界，產生審美愉悅。（歐陽周等，1993：131～132）車爾尼雪夫斯基認為：「悲劇是人的偉大痛苦，或者是偉大人物的滅亡，不是每個人的死亡都是因為自己的罪過。」他批評了黑格爾不是從生活，而是從理念必然性出發界定悲劇性本質的唯心主義觀點，顯示了唯物主義者的樂觀主義精神。但由於僅把它理解為「人生中驚心動魄的事」，從而否定了悲劇性和必然性的聯繫。此外，叔本華（A. Schopenhauer）的「解脫人生苦海」說、弗洛伊德（S. Freud）的「原始欲望發洩」說，以及「性格悲劇」、「過失悲劇」、「境遇悲劇」等說，由於大多避開悲劇衝突、悲劇性格的社會歷史、

經濟、政治因素，或認為產生悲劇性的原因純屬偶然的個人性格弱點和行動過失，或歸結為先驗的「理念」、人性的「空幻」和「性慾」的遏止，因而陷入神祕主義和悲觀主義。（王世德主編，1987：57～58）

在美學史上，第一個對悲劇這一美學範疇進行探討的是亞理斯多德。他認為「悲劇是對於一個嚴肅、完整、有一定長度的行動的模仿」。悲劇人物應該是介於至善的好人與極惡的壞人之間的一種人。而這種人他所以陷於惡運，不是因為他為非作惡，而是因為他犯了錯誤。這裡說的「犯錯誤」，是指因為看事不明而犯下錯誤，不是指道德上有缺點。然而，悲劇的效果是「借引起憐憫與恐懼來使這種情感得到陶冶」。其關於悲劇的論述是以古希臘悲劇創作的實踐經驗為基礎的。在亞理斯多德之後，真正把悲劇作為美學範疇來探討的是黑格爾。他認為個人的偶然過失和個性弱點並不是悲劇的原因，因為悲劇的根源來自於兩種倫理力量的衝突。而衝突的雙方所代表的倫理力量都是合理的，但又都有片面性。不巧的是雙方又堅持自己的片面性，而損害對方的合理性，於是兩種善的鬥爭必然引起悲劇的衝突。（歐陽周等，1993：132）倘若根據悲劇衝突的性質和形式，我們可以將悲劇分為以下幾類：（一）進步力量，英雄人物的悲劇：這也是歷史上最早出現的悲劇類型。一般來說，體現了「歷史的必然要求」的進步力量，在產生時還不夠強大、還缺乏經驗，甚至還有片面性、缺點和錯誤，因此要受到仍然相當強大的舊勢力的殘酷摧殘和打擊，不能在現階段實現「歷史的必要要求」，形成醜壓倒美、摧毀美的悲劇。（二）私有制下普通人物的悲劇：在私有制下，人的正當的生活、勞動、愛情、自由等等要求，體現了「歷史的必然要求」，但是由於舊制度的阻撓、束縛、摧殘，而不可能實現，這也就造成了普通人物的悲劇。這一類的普通人物，他們是善良、溫順，有的甚至還膽小怕事、委屈求全，缺乏反抗舊制度，追求新生活的勇氣、力量和理想。（三）舊事物、舊制度的悲劇：這類悲劇有兩種情況：1.舊制度、舊事物與新生事物、新生力量發生衝突而導致滅亡；2.舊勢力內部處於在野地位和處於統治地位的剝削階級代表人物之間存在著尖銳的矛盾，在野的一方起而對抗，但由於

125

歷史條件的限制與自身的階級侷限性，往往得不到新生力量的支持與不願與新生力量聯合鬥爭，從而遭受到失敗和毀滅的命運。由於在野一方的理想、願望在客觀上也反映著某種程度的「歷史的必然要求」，所以他們的失敗和毀滅，也具有悲劇意義性；（四）社會主義時期的悲劇：由於還存在著階級矛盾和新舊事物、新舊社會力量的矛盾，有些時候、有些地方，這些矛盾鬥爭是十分尖銳複雜的，因此出現了先進人物、普通群眾遭到苦難或毀滅的悲劇。毛澤東從社會主義的角度指出：「任何新生事物的成長都要經過艱難曲折的。在社會主義事業中，要想不經過艱難曲折，不付出極大努力，總是一帆風順，容易得到成功，這種想法，只是幻想。」不但敵對勢力的破壞、陳舊思想的阻撓會造成悲劇，在建設社會主義的過程中主觀願望和客觀實際相違背、新制度的不完善等等，也會造成某種悲劇。（歐陽周等，1993：135～140）從以上幾種類型來歸納金銀紙可能的悲壯美，可將其歸為「進步力量、英雄人物的悲劇」和「私有制度下普通人物的悲劇」這兩種，前者是就金銀紙的接收對象為上界的神靈，祂們都自有自覺其應為天下蒼生的理想而鬥爭，也與人民的命運相關連；至於後者，則因為想焚燒金銀紙的人，其想藉由金銀紙這一媒介去追求想要實現的事物，然而並非所求的每件事物都能實現，因此也就造就了普通人物的悲劇。

　　由悲劇所引起的審美情感是悲劇感，最主要的特徵也就是「悲」。悲劇感的「悲」是由多種情感因素構成的，最主要的是亞里斯多德說的「憐憫和恐懼」這兩種成分。他進一步解釋說：「憐憫乃是一種痛苦，是因為看到可怕的或痛苦的災難落在不應該受難者身上而引起的痛感：恐懼乃是一種痛苦的或困惱的情感，是因為足以招致痛苦或毀滅的當前印象所引起的。」然而，悲劇感絕不是單純的「悲」，它融合著強烈的正義感和崇高感。悲劇中反面人物的倒行逆施、醜對美的摧殘和壓迫，使人們不停留在恐懼和憐憫中，而是激起反對邪惡的憤怒之情和伸張正義的要求。特別是英雄人物在遭受苦難時充分展現出來的崇高精神，他們為了事業、為了人民、為了理想勇於獻身的高貴品格，都會催人奮發，把悲痛轉化為義憤、豪邁、崇敬、振奮等等的

審美愉悅感。（歐陽周等，1993：140～141）只要「命運」對於個人、對於社會、對於歷史還不是可以自由掌握的，那麼悲劇就仍然會是審美型態的一種；焦慮、恐懼、絕望和死亡就仍然會透過藝術的形式得到表現。而悲劇的最積極的審美效果就是使人正視人生與社會的負面，認識人生與社會的嚴峻，接受「命運」的挑戰，隨時準備對付在人生的征途中由於冒犯那些已知的和未知的「禁忌」而引起的「復仇女神」的報復。悲劇固然使人恐懼，但卻是一種理性的恐懼：在恐懼之中，使人思考和成熟，使人性變得更完整和更深刻。（葉朗，1993：80）

　　隨著環保意識的抬頭以及西化的影響，政府倡導拜拜減少焚燒或不焚燒金銀紙的活動，響應者大有人在。就以擁有兩百多年歷史且「香火鼎盛」的艋舺龍山寺為例：

> 早在民國 89（2000）年就開始推動停燒金銀紙的活動。該寺的執行祕書張俊宏表示：焚香和燒化金紙是傳統民間祭拜時的主要行為，但在現代社會中，人民的生活型態和居住環境已迥變，大量燃燒金紙會直接造成環境的汙染。為了維護廟宇附近民眾的居家環境和健康，龍山寺的做法是循序漸進地勸導……在持續的宣導下，攜帶金紙焚燒的信眾日益減少，該寺才正式封爐停燒金紙。（龐志明，2004）

由上述例子可知，在環保意識抬頭以及廟方的勸導下，龍山寺成了停止焚燒金紙的著名例子。倘若臺灣各廟宇仿其模式，杜絕了信眾祭拜後焚燒金紙的活動，那麼金銀紙這種因充滿神秘感色彩而被賦予的英雄性格，勢必由於因新思維的影響而以悲劇收場。從另一個角度看，人要向眾神靈祈福求平安，就必須藉由金銀紙這一媒介與神靈進行交易，或者說是人被金銀紙完全支配著，無法擺脫此媒介的驅使，這何嘗不也是種「悲壯美」呢！

　　總括來說，在認知的範疇裏，美感這種感性體驗也是本體真理的一種。它容許在某些時刻（如面對繪畫、音樂和建築等藝術品時）可以有美學家所謂的「無利害關係（無概念、無關心）的趣味判斷」。（康

德，1996；阿德勒〔M. J. Alder〕，1986；王夢鷗，1976）也就是說，在三大文化系統裏，模象美的「名稱」為一而實際的優美／崇高／悲壯等美感特徵卻「質性」有異。好比有人所提到對「美」的困惑：

> 從蘇格拉底到偵探小說家錢德勒筆下的惡棍，每個都為美而心折。古羅馬詩人奧維德稱美是「諸神的贈禮」，全世界的人都在追求美的魔力。美一直是道讓人屏息的謎，它的光彩奪目，讓許多藝術家動容。科學已經告訴我們，美是多種元素構成的奇怪之物，非大部分人所能理解；研究人員現在仍在探索美為何有如此大的力量，美到底是什麼東西？（麥克奈爾〔D. McNeill〕，2004：7）

這種困惑，基本上只有在「極盡變化」美感特徵的創造觀型文化傳統中才會發生；相對的在講求諧和和嚮往脫苦而雙雙「穩著沉潛」的氣化觀型文化傳統和緣起型文化傳統中，就不可能這樣「無所止歸」。（周慶華，2007a：255）如創造觀型文化傳統中的人寫戀愛可以到馬維爾（A. Marvell）所寫的〈致羞怯的情人〉這般「痴迷瘋狂」的地步：「我植物般的愛情會不斷生長／比帝國還要遼闊，還要緩慢／我會用一百年的時間讚美／你的眼睛，凝視你的額眉／花兩百年愛慕你的每個乳房／三萬年才讚賞完其他的地方／每個部位至少花上一個世代／在最後一世才把你的心秀出來／因為，小姐，你值得這樣的禮遇／我也不願用更低的格調愛你」。（陳黎等譯著，2005：93）相對於這一近於崇高或近於悲壯而讓人「兩相著魔」的情愛表現，氣化觀型文化傳統中的人只能做到底下這一「強忍思長」的階段：「長相思，長相思。欲把相思說與誰，淺情人不知」（唐圭璋編，1973：255），所表現出的是「含蓄宛轉」的獨特審美風格。（周慶華，2007a：255～256）倘若從金銀紙使用的角度切入，我們可以發現氣化觀型文化傳統中出現的金銀紙，它在某些層面上打破了氣化觀型文化「含蓄宛轉」的獨特審美風格，畢竟它也涵蓋了前現代模象美：「優美」、「崇高美」、「悲壯美」。

第七章　金銀紙的文化性透視

第一節　金銀紙為氣化觀型文化的體現

　　有人說信仰是一種具有存在性的開始，它無法以邏輯學、心理學或道德因果律來解釋，「信仰的萌發本身有如被難以窺破的煙霧所包圍，而在其背後還隱藏著更深的奧秘」。（周慶華，1997：76）而本研究所探討的金銀紙信仰其背後隱藏的更深的奧秘，便是金銀紙上圖像與裝飾的意涵（詳見第三章）、金銀紙的貨幣課題（詳見第四章）、金銀紙的倫理道德功能（詳見第五章）和金銀紙的審美性（詳見第六章），以及在此所談的金銀紙的文化性透視等五種背後隱藏的奧秘。如果以文化五個次系統圖來架構，其圖示如下：

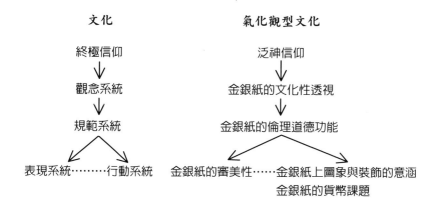

圖 7-1-1　金銀紙信仰奧秘的系統圖

　　上圖位於觀念系統的金銀紙的文化性透視，屬於深層次的文化性（詳見本章第二節）；而規範系統的金銀紙的倫理道德功能（詳見第五章）、行動系統的金銀紙上圖像與裝飾的意涵（詳見第三章）和金銀紙的貨幣課題（詳見第四章）以及表現系統中的金銀紙的審美性（詳見第六章）都屬於淺層次的文化性。顯然，前面幾章所談及的課題只停留在金銀紙信仰的表層而已，倘若不進一步觸及深層次的文化性，便難以窺得金銀紙信仰背後隱藏的深奧秘密。

　　同時「信仰也需不斷生成，而且有好幾個發展階段：它有起落、危機及平靜的成長期，信仰的生成在本性上是多方面的。信仰的歷史涵蓋了一個人的全部，包括他的個性、他的力量、他的弱點、他的性情、他的經驗及它的環境」。（郭蒂尼〔R. Guardin〕，1984：19～21）也有人說有若干判斷不能立即證實的，那麼它是否真實就不可知，這類判斷就稱為信仰（跟能經試驗而證實的知識判斷相區別）。因此，信仰約略有兩類可說：一類是根源於知識，而且跟知識有邏輯上的關聯，如每一學科的假定，在它尚未確立時，就屬於這類的信仰；一類是宗教的信仰，這類信仰跟知識不相統屬，乃以不可侵犯的信條或各教經典為根據。（溫公頤編譯，1983：116～117）按照後者含有前者的成分來看，不妨說前者是狹義的信仰，後者是廣義的信仰。（周慶華，1997：77）或許有人認為到此所論述的信仰和本章所要談的文化性的關聯性為何？不妨以「信仰為文化廣大範疇裡的一個分支」來下定義，而二者的關係如以簡易的圖形來表示將能更清楚明瞭。如下圖所示：

圖 7-1-2　文化與信仰二者的關係圖

　　狹義的信仰，它可以是一種行為，也可以是一種習性。（曾仰如，1993：280）依此定義推論祭拜後燒金銀紙的行為實屬一種狹義的信仰。而本研究就從金銀紙信仰出發，來論說整體氣化觀型文化的實際情況。其關係如圖所示：

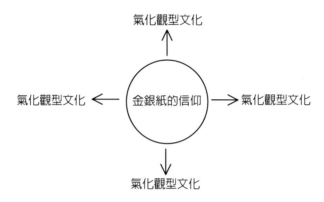

圖 7-1-3　金銀紙信仰為氣化觀型文化體現圖

　　圖中四個箭頭分別是金銀紙上圖像與裝飾的意涵、金銀紙的貨幣課題、金銀紙的倫理道德功能和金銀紙的審美性。

　　然而，綰結金銀紙信仰的道教，在現代學者的研究中，不斷地引發諸如「道教是否為宗教」、「道教是否為迷信」、「道教的教義、儀軌、齋醮等是否受佛教的影響」、「道教是否促進了科學的進步」、「道教和經濟的關係究竟是如何」等爭論；而這些爭論，幾乎都環繞著道教的不死信念和長生術而發。我們試想：當學者在為「道教是否為宗教」或「道教信仰是否為迷信」或「道教的起源及其派別傳承又如何」或「道教的教義、儀軌、齋醮等是否受佛教的影響」或「道教是否促進了科學的進步」、「道教和經濟的關係究竟如何」議題而爭論時（藍吉富等主編，1993；劉精誠，1998；劉仲宇，1997；趙有聲等，1991；龔鵬程，1998；蕭登福，1995；金正耀，1994；湯一介主編，1994），無非是要求得到道教的「事實」。（周慶華，2001：97～98）也因為求得這一「事實」，而歷來學者就都陷入此事實的漩渦中，而難以建構

出新的道教面貌。為了不再陷入此漩渦裡，我們不妨以底下這樣的
步驟進行來勾勒：首先，「道教是否為宗教」這個議題，不宜再置於
神學或宗教學的領域去討論（否則永遠無法冷卻兩極化的無謂爭
議），而得從文化學的角度來看待它（虛化它的宗教性而實化它的文
化性），才能避免再度陷入「徒有爭論而無結果」的泥淖。其次，從
文化學的角度來看待道教，也是一種重構道教的作為，但它可以回
過頭檢驗「道教信仰是否為迷信」以下諸議題的爭執而一悟雙邊見
解都不過是一種建構（或再建構）罷了。再次，明白上述的道理，
我們也可以基於某種必要性，再度的建構道教。這條思路，應該就
是想要袪疑解惑所需要仰賴的。而這也不妨由有心人來作點「示
範」，進而「逼出」（貢獻）一個可能的研究道教的模式。（周慶華，
2001：98）

在氣化觀型文化底下生成的道教思想，一切遵照「氣」的概念生
成，是一泛神信仰，秉持著「萬物有靈」論的觀點。人和神鬼雖有階
級的差別，但彼此是相通的，而相通的媒介便是金銀紙。因此，可以
從圖 7-1-1 的架構來分別詳加論說統合，以成就金銀紙在氣化觀型文
化中不可取代的位階。圖 7-1-1 中「金銀紙的文化性透視」，主要是在
了解氣化觀型文化的重倫常、崇自然的精神，使得金銀紙文化性在觀
念系統中的世界觀得到定位（詳見本章第二節）。而下一層次的「金
銀紙的倫理道德功能」，是在了解氣化觀型文化底下所強調的親疏遠
近；「金銀紙上的圖像與裝飾的意涵」和「金銀紙的貨幣課題」，是在
了解受氣化觀型文化影響所呈現的勞心勞力分職以及諧和自然而建
構出「祈福」、「求平安」、「超渡」等意涵和地下貨幣的制度；「金銀
紙的審美性」，是在了解受氣化觀型文化的影響，表現出的以抒情和
寫實為主的手法，呈現出「優美」、「崇高美」和「悲壯美」等三大美
感類型，這一層次也體現了氣化觀型文化中的世界觀所給金銀紙終極
觀念的保障（詳見本章第三節）。而進一步探討創造觀型文化底下深
受上帝是高高在上的尊者和信耶穌得永生的觀念驅使下並無金銀紙
的使用，以及緣起觀型文化底下深受生不帶來，死不帶去的超脫觀念

下造成無金銀紙的緣由（詳見本章第四節），更能充分表現出金銀紙在氣化觀型文化中體現的樣貌。

第二節　金銀紙文化性在觀念系統中的世界觀得到定位

漢民族以「道」的終極信仰觀和西方一神教以「上帝」為主的終極信仰觀的巨大差距，也導致彼此觀念系統的顯著不同。所謂觀念系統，是指一個歷史性的生活團體的成員，認識自己和世界的方式，並由此而產生一套認知體系和一套延續並發展其認知體系的方法。這一認知體系既然是由歷史性的生活團體所研發製訂出來的，那麼它跟該歷史性的生活團體所有的終極信仰就有直接的關聯。原因是認知體系更根本的由來是模型因（觀念的存有義，就是模型或理型，英文為idea，源自希臘文idéin），正如布魯格所說的「（觀念）首先指我人所看到的表示出事物典型特徵的外貌，繼而格外指其中所顯示的內在特性或本質內容。概念尾隨著事物的存有而描繪出事物的本質，觀念則先於事物的存有，是事物藉之成型的永衡而完善的原始模型。因此觀念本質地是模型因。觀念為理智所把握以後，即成為理智判斷現象界事物的標準或規則；理智把某種觀念施諸實現後，更必須為觀念所領導」。（布魯格〔W. Brugger〕編著，1989：158～159）而模型因又可以推到「神」或「上帝」的模型因，以致終極信仰和觀念系統就一貫直下了。（周慶華，1997：87）

這裡所說的觀念，是特指第一級序的觀念，如哲學這種「形上」觀念或科學這種「形下」觀念，而不涉及在規範系統、表現系統和行動系統中也會提及的道德、倫理、文學、藝術、政治、經濟等等第二級序（或更低級序）的觀念。後者雖然經常也成為大家研究的對象，而有所謂觀念史或觀念叢的名稱和研究模式（黃俊傑編譯，1984；阿德勒，1986；文崇一，1989；沈清松編，1993；楊國樞編，1994；達達基茲〔W. Tatarkiewicz〕，1989；龔鵬程，1986；蔡英俊，1986），但它無非都是第一級序的觀念所衍生。如果混在一起談，勢必不能「單

獨」看出第一級序觀念的面貌，而有礙解釋系統的建立。所謂觀念系統中的「系統」，通常是指「依整體原則組合的許多知識」（每一部分在整體之中有其不可轉換的地位及功能）（布魯格編著，1989：527）或「把由比較多的構成要素按一定的原理組合起來的一個整體」。（比梅爾〔W. Biemel〕等，1987：248）。而在聯結觀念時，它所備有的具體特徵，必須是一個以普遍命題來演譯（解釋）觀念現象（也就是在什麼情況下會出現什麼觀念現象，而不是籠統的敘述）。（荷曼斯〔G. C. Homas〕，1987：17～22）如果是這樣，那就得一步一步的尋繹推演，把每一觀念所以存在的理由闡說無遺才行。此外，觀念系統的範圍，根據定義包括了神話、傳說、哲學、科學等等，但實際上神話、傳說這些敘事性對象多可留在表現系統中的文學項下去討論，而跟宗教有關的成分（特指神話中所有），也可歸入終極信仰一節中予以安置。（周慶華，1997：88）因此，本節所要討論的就只是「形而上」哲學這一部分而已。

氣化觀型文化觀念系統中的道德形上學，可分為重倫常和崇自然。首先，我先就重倫常來論說。人和神是一樣的有所謂的「輩分之分以及位階高低之分」，而這種「人的輩分之分」和「神的位階高低之分」，受到儒家以及道家的道德形上學所鞏固，至今仍是不可破的。也因受這一分際的約束，造就了道教的「神」有別於基督教的「上帝」以及佛教的「佛」而獨有它嚴謹的神界行政組織。在玉皇上帝之下的各神，都有高低不同的階級，分別掌理或代為執行玉皇大帝所分配的職務。在這節只呈現神的階級圖，至於其所需負責的職務則留待下節再說：

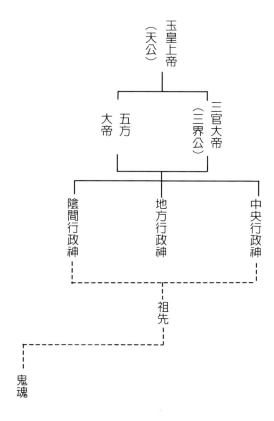

圖 7-2-1　神鬼社會組織階級圖

資料來源：節錄自林進源，2005：53。

　　圖中指的中央行政神，是指各行各業的守護神，如掌管學務的文昌帝君、掌管航務的水仙尊王和天上聖母等。地方行政神，又分為司法神和守護神兩類：前者如土地公、城隍爺等；後者如開漳聖王（為漳籍移民的守護神）、廣澤尊王（為泉籍移民的守護神）。陰間行政神，則以地藏王菩薩為首，下轄地府十殿，各殿有個殿的主事神。下拉至祖先的線為虛線，主要是因在漢民族的信仰中，普遍將祖先視為神靈，也被視為能保佑後代子子孫孫，所以將其

視為階級僅次於的中央行政神、地方行政神以及陰間行政神的最低階的神，而虛線代表其未經上界神策封。至於鬼魂，另以虛線拉出，主要是指人死後還沒入殮前這段期間都稱為鬼魂，以及路邊的孤魂野鬼，而此處的虛線代表無法將其劃歸為神的一個階層，還是只讓其停留在鬼魂階層。從以上的神鬼社會組織階級圖來看道教深受儒家哲學形上學重倫常的影響，階層劃分顯著，難以踰越；而這種倫常分際從民間信仰祭拜神靈後焚燒的金銀紙也可看出端倪。如圖所示：

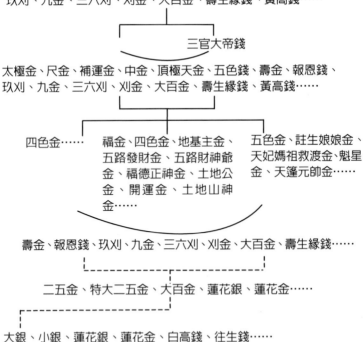

福祿壽天金、大百壽金、頂級金、太極金、滿面、天金、尺金、中天金、天金、中金、五色金、太極顯得天金、頂極天金、壽金、報恩錢、玖刈、九金、三六刈、刈金、大百金、壽生緣錢、黃高錢⋯⋯

三官大帝錢

太極金、尺金、補運金、中金、頂極天金、五色錢、壽金、報恩錢、玖刈、九金、三六刈、刈金、大百金、壽生緣錢、黃高錢⋯⋯

四色金⋯⋯

福金、四色金、地基主金、五路發財金、五路財神爺金、福德正神金、土地公金、開運金、土地山神金⋯⋯

五色金、註生娘娘金、天妃媽祖救渡金、魁星金、天篷元帥金⋯⋯

壽金、報恩錢、玖刈、九金、三六刈、刈金、大百金、壽生緣錢⋯⋯

二五金、特大二五金、大百金、蓮花銀、蓮花金⋯⋯

大銀、小銀、蓮花銀、蓮花金、白高錢、往生錢⋯⋯

圖 7-2-2　金銀紙階級圖

　　由上圖可知，民間信仰祭拜後焚燒的金銀紙，也有其位階高低的區別，以及某些金銀紙只適用於特定神靈（如天篷元帥金，只適用於特種行業所供奉的天篷元帥）和有些種類的金銀紙是不分階級階可共用的。而適用於高階位神的金紙，不能焚燒給階位較低的神使用，不然就踰越了倫常的分際；而在焚燒金銀紙時也深藏著倫常分際的氛圍：

　　使用金銀紙的基本注意事項：

　　(1)　當同時祭拜神明與祖先時，先燒供奉神明的紙錢，然後再燒供奉給祖先的紙錢。

　　(2)　燒金時先燒大張的紙錢再依次燒小張的紙錢。

　　(3)　祭拜時的紙錢如果包括金紙與銀紙時，則要分開來燒，如祭拜老大公或十八王公等神明。

　　(4)　廟宇的爐口上方都有標示金紙與銀紙的字樣，信徒應依爐口上的指示來燒金、銀紙。

（王乙芳，2010：89）

　　這裡提到的要「先燒給神明，後燒給祖先」、「先燒大張的紙錢再依次燒小張的紙錢」，主要遵循圖7-2-1神鬼社會組織階級圖，因為神明的位階高於祖先。倘若從中國傳統家族的觀念來看，我們不妨將神明視為長輩，將祖先視為晚輩，在用餐時都是長輩先用餐，等長輩用完餐後晚輩才能用餐。至於要先燒大張的紙錢再燒小張的紙錢，主要是大張的紙錢適用的對象為高位階的神明，而小張的紙錢適用的為位階較低的神明。在圖7-2-2金銀紙的位階圖將金銀紙作了位階高低的區分。這麼做似乎讓人覺得金銀紙不像陽界貨幣那麼具有流通性，但又不然！金銀紙真正具有幣值性的在於其上的箔仔（金箔、銀箔），而箔仔下方的紙張是為了方便燃燒，以及區分適用對象而已（詳見第四章第二、三節）。也就是說，越大張的紙錢上面的箔仔越大張，價值也越高。倘若以我國過年包紅包的習俗來比喻的話，包給長輩的紅

包必定是最大包的，也是最先發的。而這將其用來解釋燒金銀紙錢的先後順序再適合也不過了。上引文又提到「金紙與銀紙要分開來燒」，倘若再從中國傳統家庭的觀念來看，將金紙視為家族長輩、銀紙視為媳婦，在家族的傳統規範底下媳婦輩是不能與家族中的長輩同桌用餐的。因此，金銀紙無疑也是氣化觀型文化底下重倫常觀念的體現。

　　接下來，要談的是氣化觀型文化底下的崇自然觀念。我國民間信仰屬泛靈信仰，認為萬物都有靈，所以在道教信仰中有一自然崇拜的系統。自然崇拜是縣遠流長的民間信仰，溯自上古時期，人類就相信萬物是自然賜予的，自然的種種變化就是人類禍福的源頭。由此產生信仰，企求獲得自然超越的佑護。除了天公外，日月星辰、風雨雷電以及山嶽河海的壯觀景色與變化情境，使人類對大自然興起敬畏之心，進而對其超人的力量加以膜拜。首先是天體崇拜，將太陽稱為太陽星君，對月亮傳為太陰娘娘。太陽的光明，月亮的慈暉，令人在感恩之餘焚香祭拜。星辰崇拜的對象不少且複雜，如紫微大帝就是太乙星崇拜，玄天大帝就是北極星崇拜，北斗星君就是北斗星崇拜，文昌帝君就是文魁星崇拜，南極星翁就是壽星崇拜，這些星君都有其專司職責。風、雨、雷、電等雖不是天體，但這些來自天上的自然現象都被神化了，視為天上神靈，如風神、雨師、雷神、五雷元帥等，人們相信天象的神力神性，是足以護佑人們的，所以祈禱可以風調雨順。土地信仰也是自然崇拜的大宗，舉凡社稷、五嶽、山林、川澤等都要接受人們的膜拜。也包含了自然物崇拜，無生命的石頭也被奉為石頭公。有生命的自然物，又分成植物與動物崇拜。（鄭志明，1990：53～54）而金銀紙的使用也充分體現了此一崇自然的觀念。如有專門燒給土地公的土地公金以及只能燒給玉皇大帝（天公）的福路壽天金等，在在體現了氣化觀型文化崇自然的觀念。

　　總括來說，金銀紙無論是在重倫常的觀念還是崇自然的觀念，都能符合氣化觀型文化底下觀念系統中展現出來的世界觀，使得其深層文化性在此得到定位。

第三節　氣化觀這種世界觀所給金銀紙終極觀念的保障

　　談完氣化觀型文化觀念系統的世界觀，不免要下貫至規範系統、表現系統和行動系統來談，才能全盤窺得金銀紙在氣化觀型文化中的真實體現的面貌。首先，來談論何謂「規範系統」？規範系統就是指一個歷史性的生活團體的成員，依據其終極信仰和自己對自身及對世界的了解而制定的一套行為規範，並依據這些規範而產生一套行為模式，如倫理、道德等等。這個界定，顯然預設了規範系統是後於終極信仰和觀念系統，而且是後驗的。這可能產生兩個問題：（一）規範系統的「規範性」，固然已表露了它的後驗性質（就是經由後天所規範），但任何一種規範言行所以可能，必然要有相應的心理（精神）條件，而這心理條件不能盡是後天所形塑的（也就是先天上要有相當的潛能），這就使得規範系統的後設性質不得不遭受挑戰；（二）從實際情況來看，一些規範的改變，是在反規範行為（如犯罪行為、暴力行為）出現後被「逼迫」而成的（史美舍〔N. J. Smelser〕，1991：235～236；涂爾幹〔E. Durkheim〕，1988：52～58），這不免會衝擊到終極信仰、觀念系統對規範系統的「指導性」，而形成規範系統也可以「自我完足」的態勢。這樣一來，前面所作的界定就顯得問題重重。但又不然，前面的界定所顯示的是一個歸創性定義，它在經驗上可以檢證，而在理論上也可以修補，這跟規範系統本身的先驗、後驗不屬同一層次。由於這裡的論述是要導向一個「啟示性」的結論，如同文化（次）系統的再建構，所以不必像一些後驗規範理論或後設規範理論（陳秉璋等，1988；黃慧英，1988）極力去分辨規範系統本身的先驗性、後驗性，以及它所要具備的條件。以上述這一點作為前提，在論述時還得先說明規範系統所包含的「行為規範」和「行為模式」究竟是什麼。這通常是以「倫理」、「道德」來提稱；但所謂「倫理」、「道德」在表面上固然可以作「『倫理』指的是群體規範，強調的是行為在群體間產生的結果；而『道德』指的是個體的品行與德性，其強調

個體行為的理由和動機」（伍至學主編，1995：6～7）這樣的區分，
而實際上二者是相互關聯、一體呈現的。所謂「宇宙內人群相待相依
之生活關係曰倫；人群生活關係中範定行為之道德法則曰倫理」（黃
建中，1990：21）、「倫理有多種不同的說法，但從倫理必須處理道德
行為這一角度去了解，倫理與道德實在可視為一種同義語。西方的倫
理學和道德哲學通常互訓，也是把二者放在同一基礎上去討論。中國
人的人倫或五倫觀念，事實上是用道德實踐去表現，把忠孝仁愛表現
在君臣父子夫婦兄弟朋友的規範上」。（蕭全政主編，1990：104）而
所謂倫理、道德，講白一點，就是建立人際關係所要遵守的理則或法
則。（周慶華，1997：100）

　　再次，來談論何謂「表現系統」？表現系統是指用一種感性的方
式來表現一個歷史性的生活團體的成員的終極信仰、觀念系統和規範
系統，如文學、藝術等等。先看「感性的方式」究竟是什麼的問題。
這點在原論者那裡，也沒有多作說明，只約略提到：「在芸芸眾生當
中，藝術家的心靈最為敏銳，正如一把銳利之刀，最易於游刃於時代
的感受之中，但同時最易於折刃受損。由於藝術家敏於感受，善於表
現，因此最會在其活動和作品中來顯示出時代文化與人類精神的一般
處境。為此，並不一定只有寫實傾向或參與型的藝術家才會表現時代
處境，任何藝術家即使不直接用藝術語言來反映政治和社會，亦會表
現出這些一般處境」。（沈清松，1986b：90）其實，感性的方式就是
所謂的「審美的技巧」。（周慶華，1997：114～127）

　　最後，來談論何謂「行動系統」？在文化的次級系統中，要屬行
動系統跟人最有「切身」關係，它無時無刻不暴露在人所能直接經驗
或直接觀察的範圍。雖然如此，它也並不是孤零地存在，而是由終極
信仰、觀念系統、規範系統一貫而下來的。照理行動系統是指一個歷
史性的生活團體的成員，對於自然和人群所採取的開發或管理的全套
辦法。這看來似乎並不預設行動系統是緣於終極信仰、觀念系統等
等。其實不然，任何一個歷史性的生活團體所能想出的開發自然或管
理人群的辦法，很少或根本不可能不受到該生活團體所有的終極信

仰、觀念系統等等的制約。（周慶華，1997：127）就以原論者另一段
論述為例：

> 就行動系統而言：中國自古即有各種自然技術和器物的發明，
> 藉以勘天物；亦有一套完備的官僚體制，藉以組織和管理社
> 會。但是中國傳統的自然技術並非以控制自然為目的，而是為
> 了發揮人的創造力，透過技術的接引來媒介人和自然，以建立
> 人文化成的世界。換句話說，中國傳統技術是一種生命導向的
> 技術，而非權力導向的技術。中國傳統技術不是為了控制和壓
> 榨自然，而是為了配合自然之創進，發揮人與自然的共存關
> 係。在今天，西方的重權力、講控制之技術已經造成了許多環
> 境問題，破壞了生態的平衡，中國傳統重視人與自然的共存關
> 係的生態科技精神可能是未來世界的科技發展所應具備的。此
> 外，中國式的社會工程，以德治為上，禮治次之，法治又次之，
> 因而法治精神遲遲未立。在人事管理上，亦是偏重和諧而忽略
> 效率，因而難以適應現代化社會之需要。如何發揮中國文化在
> 德治、禮治和和諧精神方面的長處，而避免並彌補其在法治和
> 效率方面的短處，是今後中國文化在社會行動方面的一大課
> 題。（沈清松，1986a：235～236）

這段話中除了論及漢民族要從法治、效率方面進行補強的工作，才可
望趕上現代化社會的腳步，它未必有效，也未必真屬必要（漢民族管
理人群和開發自然是相通的──西方民族也是，今後如何向西方推銷
生命導向的技術，又要向西方學習管理人群的辦法呢），其餘都可看
出行動系統跟終極信仰、觀念系統和規範系統等等的密切關聯性（所
謂生命導向、和諧人事等等，都是漢民族傳統的觀念和信仰。當然，
行動系統──尤其是技術部分──的高度發展後，又會反過來影響改
變終極信仰、觀念系統等等。〔沈清松，1986b：59～165；劉君燦，
1986：146～147〕）

　　先從金銀紙的倫理道德功能談規範系統強調親疏遠近的觀念。這觀念深受儒家「仁、義、禮、信」思想的影響。儒家「仁」的思想是氏族社會原始人道主義觀的發展，在一定程度上超出家族和階級的界限，認為人是家族、等級的成員的同時，還是人類的一員，應該把他人當作自己的同類，給以同情和關心。（閻韜，1994：28～29）然而，人道主義在取向和目標設定上可以是義務倫理學或功利主義的，但其終極目標仍舊在尋找人類集體或個人的福祉和滿足，人道主義因而可被視為是人類在自然界中實踐「集體自利」的一種設計。（成中英，2005：139）而人道主義又可分為西方的「排他性主義」以及我國儒家的「包容性主義」。當中「包容性人道主義」標示了宇宙實在關鍵性轉型的起點，透過參與、反省、創造與革新，人類克服重重的阻礙及誤解，不斷努力邁向一個存在、變化、非存有的動態平衡與和諧。（成中英，2005：145）在中國傳統中，「禮」有著古老的淵源，關聯於祭祀的儀式，孔子強調它在人內在的根苗性。（劉述先，2001：72）前面所談及儒家「仁」的思想是一統合原則，其下可以細分為「義」、「禮」、「智」……等，也都發展於人道主義觀。「禮」是孔子思想體系的第一個觀念，既是孔子思想的實際起點，又是其邏輯起點。所謂「禮」指的是「周禮」，是周族從父系家長制時代以來逐步形成的典章、制度、儀節、習俗，也包含了周人的習慣法和道德律。隨著周人進入封建社會，周禮中原始的平民因素逐漸淡化，而等級制的內容不斷強化，但有一點是始終一貫的：血緣關係的紐帶不斷，家族組織與社會政權組織合一。（閻韜，1994：22～23）接下來談「義」，而「義」也在儒家思想中佔有舉足輕重的角色，什麼叫作「義」？《論語・里仁篇》提及：子曰：「君子喻於義，小人喻於利。」（蔣伯潛，2000：44）說君子非常重視「義」的思想，有別於小人只注重「利」。因此，君子在從事任何事情或追逐金錢利益時，無不將「義」擺在「利」的前面；符合「義」的利益才能追求，反過來則視如浮雲，不屑一顧。而這種「義」的思想，也充分的展現在臺灣的民間信仰中。如下圖所示：

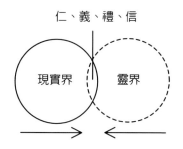

圖 7-3-1　現實界與靈界交易行為規範建立圖

　　再來從金銀紙上圖像與裝飾的意涵以及貨幣課題來談氣化觀型文化底下行動系統的勞心勞力分職的觀念有四：第一，從「福祿壽三神」的「福神：天官賜福；祿神：送子張仙；壽神：南極仙翁」、「葫蘆」具有「收妖除邪、納福及生命綿延的意義，也用來象徵福氣到來」、「喜」字為「民間五福之一」、「鳳」是「原始社會人們想像中的保護神居，百鳥之首」象徵「美好與和平」、「五路財神」則「主司送祥納財，也有追逃捕亡的武功」、「蓮花」為「民間吉祥的象徵」⋯⋯到「文魁」為「文人的守護神」，不管是送子也好，象徵美好與和平也罷，這些都有一共同的交集，此一交集就是「祈福」。第二，財子壽三神的「祈求財富、子孫和壽命」以及蓮花的「修種善業」有一貫穿的主軸，此主軸便是「求平安」。第三，八仙綵的「鎮家與制煞」、佛法僧的「煉渡亡魂」、花公花婆的「栽花和換斗」、山神的「凡是惡者亡靈以地府的「十八重地獄」嚴懲，善者亡靈可使其轉化為神仙」、三官大帝的「天官賜福、地官赦罪、水官解厄」以及太陽和月亮的「超渡亡靈」。上面的圖飾在臺灣民間信仰以及佛教信仰中被賦予了「超渡」的意涵。第四，金銀紙藉由火化儀式，會由庫官來接收。而陰間共有十二個庫官，分別是子、丑、寅、卯、辰、巳、午、未、申、酉、戌、亥等十二個庫官。庫官接收完再由信差分送給指定的鬼神。信差共有兩位，分別是日信差、夜信差。（訪 B 摘 2010.10.2）不難發現，不管是金銀紙本身，或者是以金銀紙為中介，都充分表現出行動系統中勞心勞力分職的關係。如圖所示：

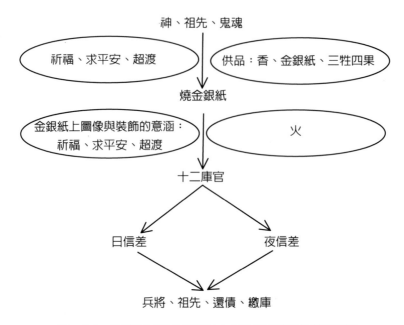

神、祖先、鬼魂

祈福、求平安、超渡

供品：香、金銀紙、三牲四果

燒金銀紙

金銀紙上圖像與裝飾的意涵：
祈福、求平安、超渡

火

十二庫官

日信差

夜信差

兵將、祖先、還債、繳庫

圖 7-3-2　兩界交易以金銀紙為中介的勞心勞力分職關係圖

　　最後金銀紙在表現系統中，同樣表現出氣化觀型文化以抒情和寫實為主的美感。我們可將金銀紙的美感分成「優美」、「崇高美」以及「悲壯美」來談。在優美部分，倘若從英國哲學家培根的美的定義，則美的菁華在於秀雅合適的動作，這一定義剛好符合焚燒金銀紙前將紙錢一張一張摺好動作，以方便燃燒。在摺金銀紙時，動作以及力道都不可太大，也不需要大動作和大力道就能將金銀紙摺好，而這種力道及動作適宜的景象，符合培根對美的認知。在崇高美部分，崇高美在於它的讓人產生恐怖神秘感以及含有敬佩的愛戴。由於金銀紙被視為是陽界與靈界溝通的一種媒介，在民俗信仰中被賦予了靈異的神秘感，尤其是銀紙因使用的對象為鬼魂。因此，金銀紙也被視為是一種不吉祥的物品，而使人避之唯恐不及。然而，卻又不能完全的避免使用它，每逢普渡、喪事出殯以及某些宗教儀式都可見其蹤跡。而宗教儀式的使用，更讓它充滿了神秘感，也使人對它產生敬佩的愛戴。在

悲壯美部分，隨著環保意識的抬頭以及西化的影響，政府倡導拜拜減少焚燒或不焚燒金銀紙的活動，倘若臺灣各廟宇紛紛響應，杜絕了信眾祭拜後焚燒金紙的活動。而金銀紙這種因充滿神秘感色彩而被賦予的英雄性格，勢必會因新思維的影響而以悲劇收場；同時現實中人要透過金銀紙來祈求平安和納福等，也帶有相當程度的悲壯感（詳見第六章）。

正是上述有關金銀紙各種淺層性的文化性都為深層性的文化性（氣化觀）所統攝，所以才說氣化觀這種世界觀終極的保障了金銀紙信仰的存在。而這則大為有別於同樣以世界觀作為標誌的另兩大現存的創造觀型文化和緣起觀型文化（詳見本章第四節）。

第四節　創造觀型文化與緣起觀型文化中無金銀紙現象的緣由

信仰可以是一種行為，也可以是一種習性。如果是一種習性，它就是神賦予的超自然德性的一種，稱為「信德」，是使人「因著上帝的權威，完全相信上帝所啟示的道理」。（曾仰如，1993：280）這是從一神教的觀點來說的。一神教人士強調，人的理解力有限，人的聰明才智受到極大的限制，單靠自己的力量，人絕對無法完全清楚地知道上帝的奧秘、有關得救的途徑，以及獲致永生（分享上帝的生命）的適當方式，於是上帝才把祂自己啟示給人，把得救的途徑指示給人。人倘若對上帝的這種啟示有了回響，肯接受祂的教導，就等於相信了祂的權威，對上帝有了「信仰」。（同上，279）在西方，信仰（faith）和相信（believe）二詞一開始就被用來翻譯《聖經》中的 Fides 和 Credere（希臘文 Pistis），而在信仰帶有一神教色彩的情況下，自然就衍生出不少的意義，如：（一）指新約所說人對顯示於耶穌基督的上帝因而上帝之恩成為可能的肯定答覆，這項答覆無所不包，是全面的自我獻身；（二）指理智的接受，它首要對象並非任何信條，而是相信耶穌基督為上帝之子，正如同祂針對祂自己所啟示的；（三）針對相信的信仰（fides quacreditur）之所信的信仰（fides quae creditur）

——一個信仰命題，如果經教會的決定而被宣布為信仰命題，則稱為信理或信條。（布魯格編著，1989：204）如果不特地從一神教的觀點來說，狹義的信仰可以具體指對神的信仰，也就是指任何一種宗教信念（即使並不以神的啟示為基礎）。（周慶華，1997：77～78）

雖然信仰「可以是一種行為，也可以是一種習性」（見前），但實際上有信仰這一習性（信德），也必定大多會表現出信仰的行為，而這種行為主要是呈顯在對信仰對象及其啟示的關懷上。由於它是終極性的（由終極信仰轉來），所以可以稱為終極關懷。這種終極關懷，可以構成一個立體的存在體系，也就是由終極關懷而引出構成此終極關懷的「真實」和所要追求的「目標」，以及為獲致「目標」而有的「承諾」（自我負擔）。（傅偉勳，1990：189～208）如果把終極關懷當作一個「對象性的存在」，從那終極真實到終極目標到終極承諾就是一個「實踐性的存在」。而這裡所以統以「終極關懷」一詞指稱該對象性和實踐性的存在，是為了終極關懷本身難可自存，而要有終極真實「保證」它的成立，有終極目標「指引」它的出路，以及有終極承諾「推動」它的進程，彼此構成一個關係緊密的存在體。（周慶華，1997：79～80）倘若以現存三大文化系統來進行比較的話，不妨從「終極信仰」往下貫串推論，以方便推衍出創造觀型文化和緣起觀型文化的緣由。其比較圖如下：

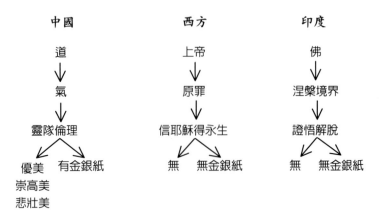

圖 7-4-1　文化五個次系統比較圖（二）

　　信仰基督教的上帝的人，他所關懷的是人的「原罪」。這是承自古希伯萊的宗教思想（基督教、猶太教、回教這些盛行於世的宗教，都跟古希伯萊的宗教有淵源關係，彼此都是一神教，差別只在教義、教規和教儀上。〔朱維之主編，1992；張綏，1996；曾仰如，1993：177～239；呂大吉，1993：602～621、658～707〕）根據相關古希伯萊宗教的文獻（主要是舊約）所述，上帝以祂的形象造人，於是人的天性中都有基本的一點靈明；但這點靈明卻因人對上帝的判離而隱沒，從此黑暗勢力在人間伸展，造成人性和人世的墮落（這由亞當、夏娃偷食禁果首開其端）。（張灝，1989：5～6）從基督教所拈出的「原罪」觀念來看，人都有與生俱來的一種墮落趨勢和墮落潛能，構成它的終極真實；但人都是上帝所造，都有靈魂，所以又都有其不可侵犯的尊嚴。憑著後面這一點，人經由懺悔、禱告，就可以獲得救贖，死後進入天堂，永隨上帝左右（人可以得救，但有限度，永遠不能變得像上帝那樣完美無缺）。因此，進入天堂就是基督教徒的終極目標，而懺悔、禱告尋求救贖就成了基督教徒的終極承諾。（周慶華，1997：80～81）再看基督教的基本教義，可歸納為「博愛」這兩個字。這也是耶穌的基本主張。博愛可分為兩個方面：愛上帝和愛人如己。耶穌曾說過：「你要盡心、盡性、盡意，愛主你的上帝。這是誡命中的第一，且是最大的；其次也相妨，就是要愛人如己。這兩條誡命是律法和先知一切道理的總綱。」（新約《聖經・馬太福音》第二十二章三十七──四十節）愛上帝是指在宗教生活方面要全心全意地侍奉上帝。耶穌反對宗教生活上的繁文縟節。他指出：「不可將善事行在人的前面，故意叫人們看見。」至於「愛人如己」是人們日常生活的準則。耶穌曾說：「我賜給你們一條新命令，乃是叫你們彼此相愛。」（新約《聖經・約翰福音》第十三章三十四節）耶穌所主張的「愛人如己」可以分為以下幾個層次：（一）人應該自我完善；（二）應該嚴以律己，寬以待人；（三）應該寬恕人；（四）要忍耐；（五）要愛仇敵；（六）從愛仇敵進而反對暴力反抗。（樂峯等，1991：81～84）這些教義都不脫離「跟著上帝的腳步，以虔誠的心禱告，以博愛的心待人」便能得到救贖的範圍。

　　信仰佛教的涅槃境界的人，他所關懷的是人的「痛苦」。這是佛教開創者釋迦牟尼從人類實存日日體驗到的無窮盡的身軀逼惱（不快不悅的感受），而誓化眾生令其永遠脫離生死苦海的悲願（基於宗教慈悲心的誓願承諾）所由起。這不論是小乘佛教所偏重的「個人苦」，還是大乘佛教所偏重的「社會苦」，都展現了一致的關懷旨趣。（方立天，1994；黃公偉，1989；呂澂，1985；傅偉勳，1995；木村泰賢，1993）而造成此一痛苦的終極真實，主要是「二惑」（見惑、思惑，由無名業力引起）、「十二因緣」（生死輪迴）。最後必然以滅一切痛苦、出離輪迴生死海、達到涅槃自在境界為終極目標。而身為佛教徒所要有的終極承諾，就是由「八正道」進入涅槃而得解脫。（周慶華，1997：81）所謂「八正道」就是指「八種能夠通向涅槃解脫的修行方法」。具體如下：（一）正見：指符合佛教教理的正確、真實的見解。佛教認為這是一種脫離各種邪見和顛倒的真實智慧。（二）正思：又稱正思維，或作正志、正欲。指遠離各種邪見和虛妄分別的正確思惟。（三）正語：攝修口業，及以佛教智慧為指導，以佛法為標準，不說一切違背佛法的語言。佛教以眾生業力分為身、口、意三種，上述正見、正思當屬意業，此正語就是針對口業而說的。總括來說，正語就是不妄語。（四）正業：以佛法智慧為指導，修攝身業，遠離一切邪妄，住於清淨正身的善業，以此來對治身、口、意三業中的身業。按身業有三，為殺、盜、淫。此三者為佛教五戒中前三戒，遠離此三業，就是十善業中不殺、不盜、不邪淫三善業。（五）正命：指應當過符合佛教教義的、遵守佛教戒律的正當合「法」的生活。遠離五種「邪命利養」。所謂邪命利養，就是指「各種不符合佛教教義的邪門歪道，或是透過各種不正當手段來獲取利益以維持生活」。佛經中說有五種邪命利養：「1.詐現奇特異相：指『違反佛教教義教理，以種種奇形怪象使世人產生敬畏之心，從而獲取利養』。2.誇耀自己的功德：指『妄逞口舌之利，到處炫耀自己，以圖使別人對自己產生靜養羨慕之心，從中獲取利養』。3.為人占相，妄言吉凶，以此為活命之手段。4.高聲現威：若比丘在別人面前高聲大語，顯漏威儀，令人心畏，以此設法

獲取利益。5.說動人心：以花言巧語說動他人，從而獲得利益。」（六）正精進：以修習善法，努力而不放逸為精進。（七）正念：明記佛教教義，思維憶念佛法正義。（八）正定：專注一境，心不散亂的目的是為了獲得佛教的智慧，但令心不散而專注一境並不是容易做到的，要靠長期的修行，因此修定成為佛教修行實踐的基本功課。（業露華，1999：92～100）而藉由此「八正道」就能達到涅槃寂靜的境界。然而，在佛教的部分教派於儀式後會焚燒經文，因經文嚴格算來不屬於金銀紙的一種，所以不能將此舉動解讀為佛教儀式後有金銀紙的焚燒。

　　總括來說，在創造觀型文化中如基督教教義所呈現的基本面貌是，我們人一生下來就帶有原罪，而要消解原罪的唯一途徑，就是「信仰上帝」。好比基督教剛開始傳教時就宣稱：「天國近了，你們應當悔改」。也曾說過「天國就在你們心裡」、「我們的國不屬於這個世界」等等。而這裡所指的天國就是以上帝為中心，一切得到救贖靈魂安居的地方，有時也稱作「天堂」。從路德教派關於如何得到救贖的教義來看：「由於基督在十字架上的救贖奇功，人神之間的阻隔已經排除，信徒憑藉信仰就可以直接與上帝溝通，無需靠教皇為首的教階制度作中介」，這不僅是該派別的私定，其他大多數宗派都很重視這種主張。（樂峯等，1991：111）此外，我們看緣起觀型文化的佛教教義，可發現在該教義中所呈現的是人是帶著痛苦出生的，要解除人生在世的痛苦，需親身修行「八正道」才能解脫人間一切苦厄，進入涅槃寂靜的世界。而兩派的教義在在顯示出它們沒有金銀紙為陰陽兩界溝通交易媒介的緣由，就在這一個所信仰的神為萬能和一個但以解脫為務，都不像氣化觀型文化中人始終活在「兩界互動」中還有實質的需求。

第八章　相關成果的運用途徑

第一節　將金銀紙信仰融入語文教育中

　　只要有教育，就一定會有語文教育；而有語文教育，也勢必要有語文教育研究來檢視它的成效和推動它的進程。如果說語是指口說語而文是指書面語，那麼語文二者就是涵蓋一切所能指陳和內蘊的對象。緣此，語文教育就是一切教育的統稱而可以統包一切教育；它既是「語文的教育」，又是「以語文來教育」。在這種情況下，語文教語研究也就廣及各個語文教育的領域。（周慶華主編，2009：東大語文教育叢書出版理念 i）

　　現行中小學實施九年一貫課程的基本理念是「教育之目的以培養人民健全人格、民主素養、法治觀念、人文涵養、強健體魄及思考、判斷與創造能力，使其成為具有國家意識與國際視野之現代國民。本質上，教育是開展學生潛能、培養學生適應與改善生活環境的學習歷程。因此，跨世紀的九年一貫新課程應該培養具備人本情懷、統整能力、民主素養、本土與國際意識，以及能進行終身學習之健全國民。故爾，其基本內涵至少包括：（一）人本情懷方面：包括了解自我、尊重與欣賞他人及不同文化等。（二）統整能力方面：包括理性與感性之調和、知與行之合一，人文與科技之整合等。（三）民主素養方面：包括自我表達、獨立思考、與人溝通、包容異己、團隊合作、社會服務、負責守法等。（四）本土與國際意識方面：包括本土情、愛國心、世界觀等（涵蓋文化與生態）。（五）終身學習方面：包括主動探究、解決問題、資訊與語言之運用等。」五大基本內涵中「本土與國際意識方面」包括本土情、愛國心、世界觀等（涵蓋文化與生態）。

（國教社群網，2010）而本研究探討的信仰與宗教則包含在文化這一廣大的領域中。在《國民中小學九年一貫課程綱要》中也頒布十大基本能力，包括（一）了解自我和發展潛能；（二）欣賞、表現和創新；（三）生涯規畫和終身學習；（四）表達、溝通和分享；（五）尊重、關懷和團隊合作；（六）文化學習和國際了解；（七）規畫、組織與實踐；（八）運用科技和資訊；（九）主動探索和研究；（十）獨立思考和解決問題。（國教社群網，2010）「文化學習與國際理解」基本能力所強調的是：尊重並學習不同族群文化，理解與欣賞本國及世界各地歷史文化，並深切體認世界為一整體的地球村，培養相互依賴、互信互助的世界觀。因為文化所涵蓋的層面極廣，包括科學、語文、藝術、宗教、道德、法律、風俗、習慣等，因此「文化學習與國際理解」基本能力的培養，有賴於活潑多元的教學設計與情境布置，讓學生在「感同身受」的探究學習活動中，激發愛鄉愛土情懷、養成文化同理心、並且拓展國際視野，實至名歸的達到鄉土教育與多元文化教育的訴求，進而追求世界觀教育的理想。（國教社群網，2010）我認為要達成九年一貫課程綱要中「本土與國際意識方面」的內涵與「文化學習和國際了解」的基本能力，七大領域中除了社會、藝術與人文等兩個領域中可實行外，也可在語文領域中來達成此目標。主要是因語文領域的跨領域性，包含了人文學科、社會學科和自然學科，而本研究所探討的內容屬宗教學的部分，其涵蓋了人文學科及社會學科，所以我認為倘若想達成「本土與國際意識方面」的內涵與「文化學習和國際了解」的基本能力，應藉由語文領域的跨領域性來達成此目標。語文的跨領域性，如圖 1-3-4 所示。

　　國中小九年一貫課程綱要強調的是統整性的教學，以現行國中小統整教學的現況而言，可分為橫向學科的統整以及縱向階段的統整兩類。在此，以金銀紙信仰為中介提出語文教學方法的新趨勢。此教學理念，約略是指統整性／科際整合／多媒體運用等等；它們常為時下倡導教育改革的人所一再標榜的對象，好像談論相關課題不涉及這個領域就不夠「先進」似的。因此，本脈絡也不能免俗的要依例來談談

關係這些理念踐行的教學方法。由於統整性／科際整合／多媒體運用等都有「因應更有效教學」的趨同性以及所要統整的會涉及科際整合而科際整合也會旁牽多媒體運用，所以它們彼此在這個環節上就「互有交涉」（周慶華，2007a：299）：

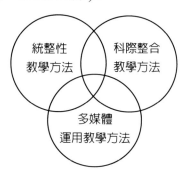

圖 8-1-1　語文教學方法新趨勢的教學理念示意圖

雖然如此，所要統整或科際整合或多媒體運用的方向，大家不盡所論「有志一同」以及彼此在開展的慾求上也未必都能「切中要害」或「確有前景」，以致在本脈絡的重整下會有相當程度的「新境界」。然而，將本研究融入語文教育中，只會涉及到語文教學方法新趨勢中的統整性教學方法和科際整合教學方法而已，圖 8-1-1 勢必要因應此教學需求而改變：

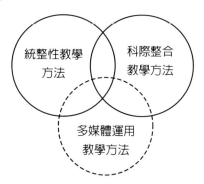

圖 8-1-2　將金銀紙信仰融入語文教學方法的新趨勢示意圖

　　首先，先談「統整性教學」，此教學方法所要著力的對象自然是「統整性」，但統整性本身只是「過程義」的，它的被著力還得轉到「如何統整化」上。所謂「統整化」，是指語文經驗在傳達上是透過統整（而非化約）的手段。這種統整的手段，是一種新舊經驗的統合整併，務期能夠達到最高的教學效率。（周慶華，2007a：300）它在相關課程設計的理念方面，可以有這樣的取向：

> 在課程統整中，組織的主題是來自現有的生活和經驗。藉著應用這些主題，允許年輕人批評地探究實際的議題，並因而實見他們認為需要的社會行動……課程統整也包含了應把知識應用到跟社會和個人相關的重要問題和關注事項之上。因而不同學科之間的界線得以解除，而知識也能在這些問題和關注事項的脈絡中重新定位……最後，因課程統整強調參與計畫、脈絡知識、真實生活議題以及統合組織，而讓不同的年輕人有更廣泛地接觸知識的機會，也因此開啟一條更成功的道路。（貝厄恩〔J. A. Bea-ne〕，2000：4～5）

　　而在相關課程設計的實踐上，也可以涵括下列七種途徑：（一）將各分立的學科相互連結一個整體；（二）將幾個學科融合為一個新的整體；（三）以某個非學科的主題為中心，設計一個單元，兼含數種學科內融；（四）將學科教材重新選擇、排序和分群；（五）在某一段時間裡以某個主題為中心，實施跨學科的統整性工作；（六）組織某些經驗及學習形態以發展個人的創造力、欣賞能力和合作能力等生活能力；（七）以某個學科或經驗為核心組織材料。（中華民國課程與教學學會主編，1999：63～64）

　　如果把它「落實」在語文教學上，那麼它也曾被提點了幾個相互關連的原則：「孩子是建構的學習者、主動的意義創造者，他們依據已經學到的東西及已經建構、重新建構的東西持續地詮釋、了解他們周遭的世界」和「知識存在於個體的心靈之中，是經由社會互動中組織、建構而來，是經由個人經驗中的心理表徵而建立，並會隨著我們

的生活而改變。因此，它不斷受到修正，而且知識是假設性的、暫時性的。知識並非靜止不動的或具體存在的東西，我們的知識常受到我們的文化、現有的社會情況、歷史時刻及其他事件影響」。（帕帕司〔C. C. Pappas〕，2003：12）換句話說，統整性教學強調的是「面面俱到」而不能有不當的偏廢或遺漏。（周慶華，2007a：302）依照這種統整的理念，在具體的語文教學上就以「主題」統整居多（或說最為便利）。（貝厄恩，2000；帕帕司等，2003；中國教育學會主編，2000；張世忠，2001；廖春文主編，2002）這種「主題」統整，雖然也可以統整到所要統整的概念（再由概念統整到所可以統整的活動）（中華民國課程與教學學會主編，1999：49），但還是以統整到所要統整的學科最為容易顯示它「通達」已盡了的意義：

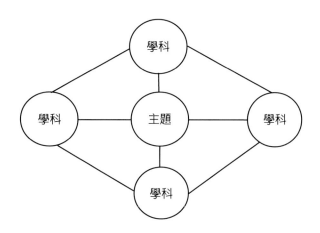

圖 8-1-3　語文教學主題統整教學法關係圖

倘若以此主題統整教學法實踐將金銀紙融入語文教育中，主題便是「金銀紙信仰」，而學科就是「語文」、「社會」、「藝術與人文」、「綜合活動」。如圖所示：

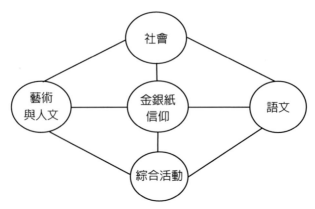

圖 8-1-4　以「金銀紙信仰」為主題的統整教學方法關係圖

　　再來，談科際整合教學方法，其所要著力的對象自然是「科際整合」，但科際整合本身也只是「過程義」的，它的被著力還得轉為「如何科際整合」上。所謂「科際整合」，是指語文經驗在傳達上是透過各學科整飭合夥（而非單一學科力撐）的手段。這種科際整合的手段，是一種深廣語文經驗的交相烙印，希冀能夠達到最好的教學效率。它在踐行上，已經有所謂「多元智能」（如語文智能／邏輯數學智能／空間智能／音樂智能／身體運動智能／人際智能／內省智能／自然觀察智能或科技智能／經濟智能／社會智能／政治智能／文化智能／學習智能等等）的發掘併用（嘉納〔H. Gardner〕，2007；坎伯〔L. Campbell〕等，1999；李咏吟，1998；田耐青，1999；鄭博真，2000；王為國，2006；鄭燕祥，2006）；但總嫌「精準度」不夠。換句話說，多元智能的運用，很容易跟前面所說的混在一起而出現所謂「多元智能統整法」一個途徑；但科際整合卻是別為企求深廣語文經驗的另類作法，彼此還是有「著重點」的不同。而這得從一些「零散」的論述抽繹出幾許的論點，來顯示它的一樣不缺的新趨性。大致上，科際整合是晚近為因應生活日益複雜化而盛行的思潮。各學科多少都努力在尋找跟別的學科交融而開起本學科研究的新契機。（周慶華，2007a：309～310）

　　這種科際整合，在某種程度上是因為強勢的科學技術的刺激：「從人類的歷史發展來看，科學技術對於社會文化系統的滲透和影響，它不斷深化的層次依序為器物層次、制度層次、行為規範層次、價值觀念層次……科學技術對於社會文化系統的影響，到最後會形成一種結構性的制度變革。而對於價值觀念的影響，最主要表現為『科學主義』的流行；而且它流行的程度和科學技術的示範效應的強度具有正比的關係」（李英明，1989：93～95）科際整合所以能夠成立，最重要的是相跨越的學科之間有一些彼此都具備的條件。如：（一）共同的設定：相跨越的學科都有或至少必須有共同的設定；這些共同的設定是它們據以出發來收攝經驗內容的起點。（二）共同的構造：不論相跨越的學科的內容或題材怎樣不同，既然都是認知的知識，一定得有些骨幹；而這些骨幹最後分析起來都是相同的。學科構造相同的模型的極致，可以是一個假設演繹式的系統。（三）共同的方法：相跨越的學科各自所要處理的題材雖然各不相同，但既然同為「研究」，在這些操作背後總有一些程序是它們不能不共同的；這些程序，一般叫做方法，相跨越的學科必須全部或至少部分地運用的。（四）共同的語言：雖然相跨越的學科都有個自專用的詞彙，但彼此還有一些共同的語言，交流知識或互相兌換各自所得概念內容才有可能。（殷海光，1989：325～327）

　　再來，談現今高中的語文教育，現行實施的高中國文課課綱中說「普通高級中學必修科目『國文』，同時具有語文教學、文學教育與文化教育等性質，欲達成目標如下：（一）藉由範文研習、課外閱讀與寫作練習，以增進本國語文聽、說、讀、寫之能力；（二）藉由各類文學作品之欣賞、思考與創作，以開拓生活視野，關懷生命意義，培養優美情操，提升表達能力；（三）藉由文化經典之閱讀，與當代環境對話，以理解文明社會之基本價值，尊重多元精神，起發文化反思能力」。其時數分配：「三學年六學期，每學期各四學分，共二十四學分。每週授課四節，時數分配如下：（一）範文每週三節；（二）寫作練習、文學及文化，每二週二節」。本研究屬文化領域，所以可以

來探討高中國文課對文化教學的實施要點為何？在教材編纂方面，文化教材是由各校國文教學研究會自選教材，在教學方面則強調應適宜將教學內容延伸與文化相結合。（高級中學課程標準暨綱要——中等教育司資訊網，2010）顯然，以現行的課綱來看，要將文化內容融入高中的語文教學中難度可見一般；再加上現有的高中教材沒有一套完整的且好用的文化教材以共教學者使用，以及現有教師對文化著墨不深，所以文化教育實施起來困難重重。而這不妨以上面所述統整式教學或科際整合教學的模式，結合校內國文、英文、歷史、地理、公民等領域的教師，開編文化教材或以協同教學的方式進行文化課程，方能達成現行高中國文課綱的目標。

最後，我們來看現行大學的語文教育。其實，大學的通識教育在某種程度上就是語文教育。儘管通識教育可以任由大家依便作界定，而顯現權力／知識這一當代新認識論的制約力，但它的「通貫識見」或「宏觀洞見」性卻如何也難以罔顧而還能夠成論。換句話說，通識教育就是一種「通貫見識」或「宏觀洞見」式的教育，它以教人通貫各學問領域而顯獨特識見為使命，希冀受教者都具備全才條件而能為人類社會所用。（周慶華，2008b：1）這種通識教育所預設的「博覽殊出」前提，在某種程度上就是語文教育。因為語文教育本應該是全知進趨宗旨的，它的盡括一切學科表徵方式的「總稱」性，可以見著於知識取向、規範取向和審美取向等我們所能設想的認知／經驗範圍（周慶華，2007a）；甚至連跨越到超越界而可以語文表出的事物，也無不能「一體適用」。（周慶華，2006a；2007b；2008a）因此，通識教育和語文教育即使不能強為劃上等號，但也僅是「些微差距」罷了。把通識教育重新限定在跟語文教育近似或同義的層次後，就可以具體的開展對語文教育／通識教育的進一步「認知」。（周慶華，2008b：1）

現在通識教育雖然早已在大學教育著為「改革大業」的一項指標，但從整體上還在「左支右絀」的難堪情境來看，卻依然是成效未彰。也就是說，依理通識教育不應該是大學教育的「拼盤」或「甜點」，

而應該是大學教育的「主菜」；至於要把「主菜」做得美味可口，又能滋補養身，則又成了一種理想。因此，通識教育的規畫，無形中又可以使各大學在它可有的專業特色（不妨稱為「副菜」）外，別為樹立一種淵泉風格，因未受制於規畫人才、教學人才和受學者素質。各大學所辦成的通識教育一定互有差異，而各大學就以該差異來凸顯各自的長處。基於這個前提，我個人認為今後很可以朝「由一般教育到博雅教育」的方向來規畫通識教育，以「整體性」、「全程性」和「精緻化」為指導原則。至於受學科分工影響而被區隔化的語文教育，自然也要重新調整方向而以開啟參與文化創新來昇華一切庸常浮生的境界為旨趣。換句話說，語文教育除了同時銜接著通識教育的使命，它還得以有助於人類文化向前推展的創新工作為職志，在課程設計和實踐上力求成效。（周慶華，2008b：5～6）

　　總括來說，現行國小、國中、高中語文教育以至大學的通識教育，其涵蓋的層面不夠寬廣。就拿國小到國中以至於高中的語文課程來說，所著重的部分仍舊只侷限在「語言」、「文字」和「文學」的狹隘範疇裡，而課綱中明文規定的「文化」就眼睜睜的被自動省略掉。因此，我希冀能以本研究為基礎，開啟臺灣語文教育的新紀元，而不妨以本研究與語文教育的「閱讀教學」、「說話教學」、「寫字教學」和「作文教學」相連結為基模：

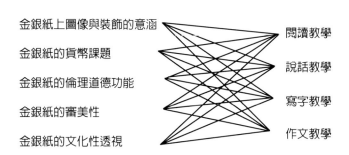

金銀紙上圖像與裝飾的意涵

金銀紙的貨幣課題

金銀紙的倫理道德功能

金銀紙的審美性

金銀紙的文化性透視

閱讀教學

說話教學

寫字教學

作文教學

圖 8-1-5　金銀紙信仰與語文教育二者的關係圖

第二節　從歐美的宗教教育激勵或催生臺灣
以金銀紙信仰為中介的宗教教育

　　想要探討臺灣的宗教教育時，首先面對的基本事實，就是：臺灣的正式教育制度內沒有宗教教育，甚至可以說宗教教育是被禁止的。反觀西方，他們教育的核心為基督教的教育，基督教的教育是基於耶穌基督是人類的教育使者，而在歷史過程中試圖落實耶穌基督的視野並發展人本。然而，基督教是在上述兩種重要文化中誕生的，及希伯來和希臘文化。所以基督教的教育乃蛻變並成全上述兩種文化的理想：（一）一股新倫理和教育的力量：基督教在耶穌基督的啟示下，對天主有了新的意識：舊約的雅威是一位創造者、心靈的引導者和神聖的統治者。其對神的觀念，從一位被選小民族的神蛻變成為一位普遍神，一位全人類的天主。於是雅威有了清楚的位格，且對所有的受造物特別是人類抱持著熱愛。這樣的神觀有其清晰的倫理看法，隨著該看法，人獲致他的神聖尊嚴：人不僅是神的肖像，更是神的兒女，應如同天父一樣度神聖的生活。（二）耶穌基督是教育者：耶穌基督的言行被公認是一位偉大的教師，祂對天國的教導聽眾都讚賞不已，且對祂所說的烙下深刻的印象。（詹德隆等，2001：65～66）祂所宣布的內容的確對人本有了嶄新的革新，尤以真福八端為最：

> 神貧的人是有福的，因為天國是他們的。哀慟的人是有福的，因為他們要受安慰。溫良的人是有福的，因為他們要承受土地。飢渴慕意的人是有福的，因為他們要得飽飫。憐憫的人是有福的，因為他們要受憐憫。心裡潔淨的人是有福的，因為他們要看見天主。締造和平的人是有福的，因為他們要稱為天主的子女。為義而受迫害的人是有福的，因為天國是他們的。（詹德隆等，2001：66）

從教師的角度來看，耶穌基督和蘇格拉底有很多相似處。（詹德隆等，2001：67）（三）耶穌基督教育的實現：從出其教會迄基督徒效法耶

160

穌基督，如何落實在自己的環境中省思並生活出來。四部福音就是自不同的團體和著重點來了解耶穌基督。保祿書信更清楚地強調：耶穌基督在不一樣的環境，針對不一的聽眾因材施教。（同上）針對歐美的宗教教育，以美國和德國這兩個國家為例。首先，美國的政教分離原則經歷了長期的醞釀，在教育方面主要還是禁止在公立中學有關宗教課程和宗教儀式。早期新教為獲取宗教自由從歐陸移到美洲，但新教的信仰往往有一個特殊面，就是在堅持自己的信仰，甚至常有基本教義派的立場。在早期，甚至是二十世紀初，新教在優勢的狀況下控制了學校，為了維護本身的宗教，還會對天主教徒採取壓迫的手段。後來為了維護和諧避免爭端的發生，在法律上宣示不可在公立學校傳授教義，促成了政教分離的原則在教育上的運用。但由於基督教保守派勢力在美國一直很大，又有許多小的部落性或新的宗教，宗教團體對公立學校拒絕宗教課程及教授演化論，乃至對公開禱告的禁止等等常常要求法院予以改變。因此，有關宗教教育的最高法院判例特別多。到了1980年代基督教右翼及基本教義派在雷根及布希主政下，更積極提出強有力的訴求，試圖解除公立學校對宗教課程和儀式的禁止。保守的基督教團體經歷將近十年試圖恢復在中學公開禱告的權力，經過折衝之後，國會終於通過了一項名為「機會均等」的法案，及在非教學性時段，學校不可拒絕提供學校設備供學生主導有關宗教、政治、哲學的活動或其他活動使用。（瞿海源主持，1995：211～212）

　　最後，我們來看一個最徹底實施宗教教育的東歐國家——德國。德國是一個宗教傳統相當根深蒂固的國家，尤其在基督教發展史中，馬丁‧路德的宗教改革就是源於德國，且影響到整個西方文明的精神和制度層面。德國的宗教團體和社會組織一向積極介入社會公共事務，而國家與教會的關係也十分密切。直到現在，教會的財務收入仍主要來自國家依納稅人信仰類別所徵收的「國教」的規定，並保證宗教信仰的自由；但是宗教的龐大力量足以讓它在憲政體制下享有一定的特權，其中公立學校的課程便是由憲法明文規定，未有任何一種其他課程能取得如此的特殊待遇，由此可見宗教在德國人心目中的地

位。德國的學校宗教教育由來已久，本世紀初曾因為神學與教育學之間的爭議，導致德國有兩個地區廢除學校中的宗教課程。但大部分地區的教會和政府在威瑪共和國時期達成妥協，也就是同意學校將宗教課程納入正常教學體系，教會則扮演輔助的角色，這一種合作方式奠立了直到今天的德國宗教教育模式；並在其等同於憲法的《德意志聯邦共和國基本法》裡賦予學校宗教課程法源依據。（瞿海源主持，1995：151～156）加上基督教一直是歐洲各國的主要信仰，也只有在這樣的社會基礎上，宗教教育才得以和現代教育理念相結合，在國家化的教育體制內佔有一席之地。以西德為例，根據《世界基督教百科全書》1982年版的統計，全國民眾的95.3%是基督徒，宗教信仰因此可視作是生活中不可或缺的一部分。從社會化的角度來看，西德民眾希望透過教育機構來維持或鞏固信仰上的傳承，因此對宗教教育的存廢並未出現過嚴重的爭議，這些都構成宗教教育順利實施的社會條件。（同上，152）接著，我們來看德國如何實施宗教教育。德國從初級的小學教育開始，都有專門師資負責宗教課程。原來屬於西德部分的各邦有權制訂相關的教育法規，並與主要的宗教團體共同規畫各級公立學校的宗教課程。依照法律的規定，德國學童在十二歲以前，是由父母或監護人代為決定是否上宗教課；十二歲到十四歲的學童倘若想要更改信仰，必須經過父母的同意；十四歲以後就是宗教上的「成年」，學童可自由選擇。每學期開學前，不準備上宗教課的學生必須以書面的方式申請免除；而一旦選擇上某一宗教的課程，學期中不得更換。各邦對宗教課程的開設和替代原則都有詳細的規定。（瞿海源主持，1995：157）其享有正式課程的地位，也可作為成績比對的科目，基本上已經被整合進正常教學體系的一部分；但另一方面，宗教課程的教學內容畢竟和一般的世俗知識，如語文、數學、歷史、自然科學等有所不同，而涉及到「信仰」的領域。因此，在教學的目標和方法上，宗教課程便和其他科目有著顯著的差別。就宗教課程的設計來說，如何透過教與學的互動，讓學生加深對信仰的體認，乃是根本的目的。在各邦文化部下都設有負責規畫課程計畫的機構，教會則有

權參與宗教課程的規畫，包括擬定教學目標、教學進度與評鑑標準，並制作提供教材。雖然在教學自由的大原則下，文化部頒布的課程計畫不帶有強制性質，教師也可自行選定教科書，只有課程計畫反映了整套的教學理念以及實施的構想，對實際的教學活動起著指導作用。在一般的情況下，宗教課程教科書為統一編定，教學內容也給予教師自由發揮的空間。（同上）

　　美國和德國的宗教教育都有法源的依據。相形之下，我國就缺乏保障宗教教育的法源，而是禁止宗教教育的。雖然如此，臺灣有很多宗教教育方面的活動，而且大部分是合法的。各宗教團體所開辦的培養神職人員的教育機構，如佛學院、神學院、聖經學院，大都是合法的，且由內政部管理。就以臺灣目前的宗教教育，可以從三方面來看：（一）宗教辦教育；（二）宗教提供宗教教育；（三）非宗教機構內的宗教教育。首先，我們來看臺灣宗教辦的教育：在臺灣，一個宗教團體可以合法地辦學。以天主教為例，有大專院校、職業學校、中等學校以及小學，共十二萬名學生。除了大專院校外，這些由宗教團體所創辦的學校都不許提供宗教課程，也不許聘請「宗教」學歷背景的教師。天主教的中、小學部分都會設立宗教輔導中心，但不能以宗教輔導的名義把宗教輔導教師的名單報給教育當局。這些學校比一般公立或私立學校更重視倫理，甚至有時會以倫理課程的名稱提供宗教教理知識（詹德隆等，2001：4），多採用徐錦堯神父主筆所編的六冊倫理教材。在基本精神上，編者特別指出「本課程所持的觀點並不代表任何一個教派，也不是源於任何一個主義」。「但本書仍有強烈的道德取向，而這道德取向的根基則是公益、理性、中國文化和《聖經》」。在解答為什麼以中國文化和《聖經》為主時，編著者辯稱「本書亦提出中國文化和《聖經》作為道德取向的基礎，並非否定其他文化或其他宗教，因為本書在這兩方面的取材，是以『求同存異』為原則……換句話說，本書所選的《聖經》和中國文化部分，都是人類共有的精神遺產和共同認可的道德範圍；本書並不標榜中國文化或《聖經》與眾不同的地方。在這個角度下，本書適合信仰各宗教及屬於不同文化的

人士參考。」然而，稍微翻閱課文後，會發現每一課都會引一些天主教的文獻與故事。（瞿海源主持，1995：26～27）因此，不難發現這套倫理教材的基本精神比較像是在宣揚天主教，肯定天主教。其次，宗教團體提供的宗教教育：宗教團體過去所提供的宗教教育大部分限於自己單一宗教的教理，所用的方法也不完全像一般學校裡的教學方法。這種教育不應該說是一般宗教教育，而應稱為「佛教教育」、或「基督教教育」、或「一貫道教育」。最後，非宗教機構內的宗教教育：我國公立學校或非宗教團體所辦的學校。這也是臺灣大部分的小學生及中學生是在這種學校就學，但到目前為止，他們得不到任何宗教教育。（詹德隆等，2001：5～6）

在宗教界裡，教育的本意是幫助人學習完整的一種生活方式。今日一般學校裡的教學模式與各宗教傳統的教育理想不太一樣；現在的教師會努力解釋理由，設法說服學生的理智，不用太多的情感。但宗教的傳承不能只靠教室內的講學，而需要一些其他的活動和體驗。（詹德隆等，2001：7）我認為推動品德教育最有效的方法，不是光靠教師在教室裡努力講授品德的意義，還要搭配其他的活動和體驗，才能有效的達成品德教育的目的。而本研究探討的第四部分從金銀紙透視人神鬼的倫理觀，裡面所探討在氣化觀型文化下的倫理觀念，將此觀念透過教學設計一連串的活動與體驗，讓學生了解中國自古以來歷久不變的倫理觀。（楊評凱，2010）

總括來說，我國與歐美國家相互比較之下，是缺乏完整有效的宗教教育，我們不妨以我國傳統宗教的信仰為基礎，奠基於語文科、社會科以及人文藝術來開展我國的宗教教育。然而，開展我國宗教教育不妨以金銀紙信為中介，主要是因為我國金銀紙信仰涵括了我國宗教信仰的精隨。從「福祿壽三神」的「福神：天官賜福；祿神：送子張仙；壽神：南極仙翁」、「五路財神」則「主司送祥納財，也有追逃捕亡的武功」、到「文魁」為「文人的守護神」等金銀紙上圖像與裝飾所代表的意涵，都脫離不了我國對傳統宗教信仰的祈福、求平安與超渡的觀念，也涵括了儒家的思想。儒家「仁」的思想是氏族社會原始

人道主義觀的發展，在一定程度上超出家族和階級的界限，認為人是家族、等級的成員的同時，還是人類的一員，應該把他人當作自己的同類，給予同情和關心。（閻韜，1994：28～29）其下可以細分為「義」、「禮」、「智」……等，也都發展於人道主義觀。進一部衍生成道教思想，一切遵照「氣」的概念生成，是一泛神信仰，秉持著「萬物有靈」論的觀點，也是鬼、神獲取陽界敬獻東西的唯一途徑，而這途徑勢必借助「火」這一個媒介。在人和神鬼雖有階級的差別，但彼此是相通的，而相通的媒介便是金銀紙。倘從優美的美感特徵來看金銀紙，可發現在燒金銀紙時，會使我們的身心處於一種放鬆的狀態，肌肉會鬆弛、血脈暢快和順，會有一種如釋重負產生的輕鬆愉快的感覺。雖然，它被視為是一種不吉祥的物品，而使人避之唯恐不及。然而，卻又不能完全的避免使用它，每逢普渡、喪事出殯以及某些宗教儀式都可見其蹤跡。而宗教儀式的使用，更讓它充滿了神秘感，也使人對它產生敬佩的愛戴。倘若從金銀紙使用的角度切入，我們可以發現氣化觀型文化傳統中出現的金銀紙，它在某些層面上打破了氣化觀型文化「含蓄宛轉」的獨特審美風格，畢竟它也涵蓋了前現代模象美：「優美」、「崇高美」、「悲壯美」。總括來講，以金銀紙信仰為中介的宗教教育所涵蓋的層面如下圖所示：

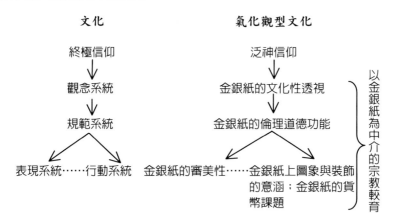

圖 8-2-1　以金銀紙為中介的宗教較育涵蓋範圍示意圖

　　近百年來西方霸權的興起，基督教宗教教育的在全球蔓衍開來，引起生態浩劫的癥結乃在西方資本主義所帶動的全球化，迫使舉世參與耗用資源所造成的；大家不反資本主義，就拯救不了地球。於是新的解決途徑，就在從恐懼球全球化出發，徹底反資本主義，並使相關議題堆進到後環境生態學的層次。而這一點，顯然是要以「在地思考」為整體反資本主義的機動策略，而無法奢望所有人類在同一時間都反轉來共襄盛舉，因為已經享盡好處的資本主義強權是不可能附和而調整方向的。而反資本主義，在現實上就只能這樣從在地的不跟資本主義起舞或急流勇退的自資本主義氛圍中抽身，讓資本主義「無以致用」而逐漸削減它的影響力，最後就可能回復無有資本主義的時代。這種在地思考所要面對的「分一杯羹」無望的困境或被邊緣化而從此短少「競爭力」，看來像是反資本主義所衍生的新問題，但不這樣大家就會步上不可再生能量趨於飽和而使地球陷於一片死寂的末路；因此比較原先所存在會走向滅絕的問題，後面這個問題可以保障某種程度的生存明顯是最輕微的。（周慶華，2011）因而開啟氣化觀型文化的宗教教育，勢必是未來為挽救地球目前面臨嚴重生態耗竭必走的一段路程。因此，我們可發現倡導以金銀紙信仰為中介的宗教教育，不僅是它與西方基督教宗教教育有系統之間的差異，還是對人類能在地球環境上能永續經營的長遠目標。而氣化觀型文化所以有這個能耐，是源於它介於創造觀型文化（高耗能，為了追求經濟目標毫無節制的開發地球資源）和緣起觀型文化（無耗能，不以追求經濟成長為目標）之間，為較符人性且又不致有後遺症。如下圖所示：

圖 8-2-2　三大文化耗能關係圖

第三節 透過金銀紙信仰開啟宗教文化研究的新視野

現有的宗教一詞，源自西方，取它的「神道設教」義；而在非西方（特指傳統中國），原只有「有所宗以為教」一義，但從近代以來，接受了西方宗教學的薰陶，同時也接受了宗教所有的神道設教義。雖然如此，宗教一詞在西方人的後續界定中，還是多少有些「量」上的差異。也就是說，除了承認宗教是神道設教涵義，還是會對宗教的形成有或寬或窄的限定，導致有關宗教的定義至今仍是眾說紛紜。（崔默〔W. C. Tremmel〕，2000；呂大吉主編，1993）就宗教的形式來說，它包括有神話、教義、教儀、教規、典禮、活動和器物等成分（涂爾幹，1992；宋光宇，1990）；而所謂的「信仰行為的體系」，就是這些成分的總稱。不過，他在眾人的研究中，卻又衍生出許多的「類型」；所謂「宗教存在的類型多種多樣。按其敬拜對象可分為拜物教和拜神教；按其神靈觀念可分為多神教和一神教；按其文化年輪可分為原始宗教和文明宗教……這些宗教分類之間亦存有或是對立，或是疊合，或是演進，或是擴展的複雜關係；它們是宗教現象在人們頭腦中的紛亂的反映」。（任繼愈主編，1998：緒論9）

從人類發展出宗教的形式以來，就陸續的有宗教研究這一「跟進」的行為，將制度宗教和非制度宗教「攤開」在陽光下，接受學術尺度的考驗，而逐漸形成所謂的「宗教學」這樣的學問。有人曾敘及這段史略：「人類對宗教現象的認真觀察和系統研究由來已久，但多以各宗教作為一種社會現象來對待，加以客觀、科學研究的宗教學則始於十九世紀下半葉，迄今不過一百多年。這種宗教學包括對宗教的描述性研究和規範性研究。前者涉及宗教史學、比較宗教學、宗教現象學、宗教社會學、宗教心理學、宗教人類學、宗教地理學和宗教生態學的觀點與方法；後者則為宗教哲學、宗教神學、宗教倫理學和宗教批評學的立意與命題。此外，現代宗教還開拓了宗教政治學、宗教經濟學、宗教傳播學和宗教美學等新領域」。（任繼愈主編，1998：緒論12）但不論如何，這種宗教學的建構，已經顯現某種程度的「疲態」；也就

是它不再能彰顯在新時代中的「特殊性」了。理由是人類經歷了一個從現代到後現代，甚至到後現代之後的社會，所有文化各層面都已經有過「天翻地覆」的大變動，而宗教這一「最保守」的領域（緣於它的專注於和超自然界或神聖界的聯繫——不易受世俗事務的左右），如何能由宗教學的曳引走出「洞窟」去參與整個世界的躍動和激進？顯然宗教是不習慣這樣自我「降格」的，它依然要維持既有的神祕性或神聖性（以為超脫俗流），以致所有的宗教學都不免要隨它在一些特定的框框中討活計。這樣一來，我們要對宗教有所謂「新的期待」（再出轉機），就得寄望新的宗教學來「激勵」或「促進」了（宗教本身很難看到它會大幅度的自我轉變）。這種新的宗教學，可依便稱它為「後宗教學」。（周慶華，2001：2～3）而本研究也屬後宗教學的範圍。

　　所謂後宗教學，是相對於前宗教學（包括後現代宗教學對人的籲求回歸宗教信仰）而命名和定位的。它是不滿於既有宗教學的「泛論」或「泛效」而提出的，希望能循此「突破舊規」的路線，而開展出宗教學的新的面貌。（周慶華，2001：4）在此不妨提供三點研究的新視野：（一）就金銀紙信仰本身而言，它是以泛靈信仰為前提，因靈界無肉體上的負擔，所以擁有較高強的本事。因此，它具有支配現實界的權力，因此被賦予「祈福」、「求平安」和「超渡」等三種意涵。不妨以下圖來表示靈界與現實界間制度運作的關係：

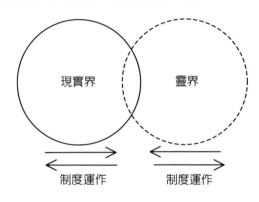

圖 8-3-1　靈界與現實界間制度運作的關係

（二）就對比異系統而言，現今我國宗教研究受西方神學的影響，因而都脫離不了西方宗教學研究的架構，唯有將我國宗教文化研究的成分換成金銀紙信仰涵蓋的金銀紙上圖像與裝飾的意涵、貨幣課題、道德倫理、審美（美學）以及文化性等層面，才能開啟我國宗教文化研究的新視野。（三）對宗教研究終極目的而言，是要回歸氣化觀型文化的泛靈信仰，所呈現出來的諧和自然的觀念。而此觀念有助於人類生存的地球環境的永續經營。由此可看出後宗教學的起點，就是全力提醒宗教團體面對能趨疲（entropy）問題並設法予以解決。至於後宗教學開展的方向，則在於為各宗教團體謀得有助於因應現時處境（能趨疲危機）的發展空間。這一方面要盡力為宗教鋪展出得「聚焦」於因應能趨疲危機的必要性和迫切性的「事實」（而不是再「散焦」於關心教義的傳播、信徒的招攬、社會服務的多寡等不涉「大局」的問題）；另一方面則要盡力為宗教規畫一個「合作致勝」的場域。後面這一點，多半是要透過宗教「對話」來引入的，得格外受重視。也因為要對話解決能趨疲問題，所以有必要建立「互相尊重」（正是其間的差異性）的無形的體制。這樣一來，一神教和非一神教都該共享「宗教」的名號及其實質；也就是在各自尋求發展空間（不論是內蘊的各種攸關當下存活的欲求還是轉此處所發因應能趨疲危機的欲求）的過程中，應把凌駕和宰制他人（他教）的慾望降到最低。後宗教學就是要在這些環節反覆或多方的申論致意；而個別人目前所作的雖然還只是「初為發凡」，但已無妨這門「新學科」的「勢必」誕生（同時可以期待它成長和茁壯）。（周慶華，2001：9～10）換句話說，透過金銀紙信仰開啟宗教文化研究的新視野，終極目標就在拯救人類的危亡上。

第九章　結論

第一節　要點回顧

　　焚燒金銀紙是一切民間信仰裡的尾聲，不論是廟裡的慶典或者家裡的祭祀活動在結束之前都會進行的一種儀式。焚燒金銀紙，在閩南語叫做「燒金」。我國「燒金」風氣極盛，主要是受早期先民的影響。根據《安平縣雜記》上的記載：「正月元旦……開門焚香點燭燈燒紙；初4日……備牲禮燒紙放爆竹以祀神……初3晚，先焚黃紙，印幡幢與馬儀從，一張於庭，名曰雲馬總馬……初9日玉皇上帝誕……紙糊玉皇帝闕一座俗名天公紙；15日上元佳節，天官大帝誕……儉約之家不用道士，備撰盒燒紙而已 2月初3，文昌誕，各社文會及里塾學徒均供撰盒燒紙慶祝……清明日……南北紙錢四處飛颺……5月5日，用楮錢送於路旁，曰：『送蚊』；7月初1起，普渡舉燒紙一款言之，有值十金、八金者，貧家所焚燒紙幣，亦值金數角；10月15日，下元水官誕，人多備撰金、燒紙慶祝；12月24日，買紙印幡幢與馬儀從一張，焚而送之，名曰送神。」（道教月刊編輯部，2008：14）由此可看出早期民間信仰裡對其所祭拜對象的不同，所焚燒金銀紙的種類也有所不同。然而，在2006年12月12日《自由時報臺》〈冥錢也鬧偽鈔？！金紙侵權？店舖不起訴〉報導新北市中和區金勝堂香鋪在兩年前（就是2004年）自同業批「普渡公斤」販售，被吉和貿易公司控告侵犯商標權及著作權。（自由電子報，2006）因金紙的侵犯商標權及著作權的問題，而出現陰界的偽鈔現象，此乃陽界貨幣制度的反射。講到金銀紙上的圖案與裝飾隨著種類而有不同的差異，其圖案與裝飾代表著人民對天地、佛神、

祖靈的冀求。(楊評凱，2010)講到圖案和裝飾不得不探討其審美性。近年來隨著環保意識的抬頭，在政府等單位大力提倡之下，金銀紙焚燒的量沒有明顯的減少？以及為何只有在以儒／道教為主的氣化觀型文化下的宗教活動才有焚燒金銀紙的儀式，而以佛教為主的緣起觀型文化和以基督教為主的創造觀型文化就沒有此儀式？這都有必要再探討金銀紙在氣化觀型文化下所賦予的文化性。藉此研究，催生我國的宗教教育，並為臺灣的宗教文化研究開拓新視野。上述的內容如圖下所示：

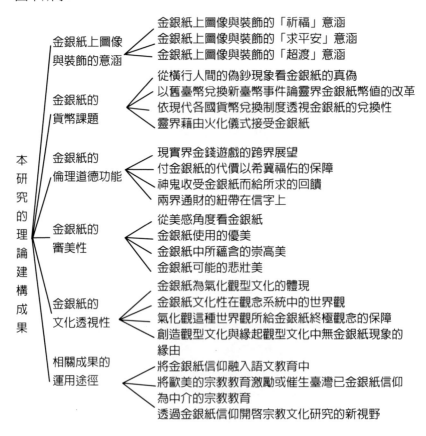

圖 9-1-1　本研究的理論建構成果圖

　　本研究第二章整理出目前臺灣民俗信仰中使用的金紙種類至少有 48 種。然而，目前與金紙相關的研究，並未提及到金紙上豐富圖飾的意涵。從此整理介紹的 48 種金紙中發現的圖飾有福祿壽三神、葫蘆、封誥型圖案、蓮花、卍、龍鳳、魁星等。我從民俗信仰中神像、佛像和圖飾所賦予的意涵來歸納論述，可發現從「福祿壽三神」的「福神：天官賜福；祿神：送子張仙；壽神：南極仙翁」、「葫蘆」具有「收妖除邪、納福及生命綿延的意義，也用來象徵福氣到來」、「喜」字為「民間五福之一」、「鳳」是「原始社會人們想像中的保護神居，百鳥之首」象徵「美好與和平」、「五路財神」則「主司送祥納財，也有追逃捕亡的武功」、「蓮花」為「民間吉祥的象徵」……到「文魁」為「文人的守護神」。不管是送子也好，象徵美好與和平也罷，這些都有一共同的交集，此一交集就是「祈福」。銀紙，是第二章中提及三類（金紙、銀紙、紙錢）中數量最少的一類，而且也是圖飾最少的一類，和金紙與紙錢相較下，是最素樸的一種。從我整理出來的四種銀紙中發現財子壽三神和蓮花等二種圖飾，而從民俗信仰和植物、持物所賦予的意涵來歸納論述，已發現銀紙上印有財子壽三神主要是向上天祈求財富、子孫和壽命。然而，祈求財富、子孫和壽命的前提必須平安；而蓮花主要是想替自己以及家人修種善業，死後渡往佛國勝境。只不過要修種善業的前提必須要一切平安，才有餘力去修種善業。由此可知，財子壽三神的「祈求財富、子孫和壽命」以及蓮花的「修種善業」有一貫穿的主軸，此主軸便是「求平安」。進一步整理出二十種紙錢，上面的圖飾的豐富度與金紙相較不相上下。從上一章整理出紙錢上的圖飾有八仙綵、觀世音菩薩三寶印、佛法僧三寶印、花公花婆、花瓶、火神、山神（五嶽大帝）、三官大帝、太陽和太陰（月亮）、往生咒文、極樂世界和壽桃等十二種圖飾，我選擇較具意義的七種而從民間信仰中神像、佛像和圖飾所賦予的意涵來歸納論述，可發現八仙綵的「鎮家與制煞」、佛法僧的「煉渡亡魂」、花公花婆的「栽花和換斗」、山神的「凡是惡者亡靈以地府的「十八重地獄」嚴懲，善者亡靈可使其轉化為神仙」、三官大帝的「天官賜福、地官赦罪、水官解厄」以及

太陽和月亮的「超渡亡靈」。上面的圖飾在臺灣民間信仰以及佛教信仰中被賦予了「超渡」的意涵。

在第四章中提及金銀紙的貨幣功能，主要是古往今來，幾乎所有的人都淪為了金錢的奴隸，所有的人終身營營役役，都是被金錢所驅使而迷失了自己的本性。即使有些人高風亮節視錢如糞土，但他也一定要接受這個社會最基本的法則——如果他沒有錢，就必須忍受世人的白眼與譏嘲，高風亮節當不了錢花！（霧滿攔江，2010：23）因此，從有信用貨幣的制度產生後，人將錢視為萬能，為了多掙點錢，常常將「高風亮節」四字拋諸腦後，此現象嚴重到連四民之首的「士」，也汲汲營營的向四民之末的「商」看齊。因此，向「商」看齊的結果，導致中國偽鈔的現象遠在「實體貨幣」時期就已經出現。然而，金銀紙除了是我國最早出現的紙鈔，也是最早一套嚴謹的貨幣制度。而這一套嚴謹的制度主要植基於以黃金為本位的金融貨幣制度。

到了第五章則是主要在探討金銀紙的倫理道德功能。梁漱溟曾經指出：中國是倫理本位的社會，而中國文化是以道德代替宗教。而徐復觀也曾經從思想史的角度追溯儒家思想的起源，他發現中國的原始宗教在周初時透過憂患意識的出現而轉化為人文精神，而這種憂患意識其實也是一種道德意識。（李明輝，1991：67）儒家以道德意識為核心，來說明人類一切活動的意義。（同上，69）我們可以具體地將倫理和道德看作一個群體維持生活世界秩序的必要條件。從倫理道德領域來說，禮和仁都十分重要，而「仁」和「禮」，既是社會政治概念，又是倫理道德概念，它們是相輔相成、不可分割的。（同上，34）而「仁」是中國傳統中的統合原則，一切思想行為都脫離不了「仁」的概念。儒家「仁」的思想是氏族社會原始人道主義觀的發展，在一定程度上超出家族和階級的界限，認為人是家族、等級的成員的同時，還是人類的一員，應該把他人當作自己的同類，給予同情和關心。正因有這樣的思想，孔子弟子子夏才說「四海之內皆兄弟」。（閻韜，1994：28～29）而現實界的金錢遊戲也是如此，倘若彼此在金錢遊戲中是處於互利共生的情形下，便互相稱兄道弟。無需置疑，人道主義

在取向和目標設定上可以是義務倫理學或功利主義的，但其終極目標仍舊在尋找人類集體或個人的福祉和滿足，人道主義因而可被視為是人類在自然界中實踐「集體自利」的一種設計。（成中英，2005：139）前面所談及儒家「仁」的思想是一統合原則，其下可以細分為「義」、「禮」、「智」……等，也都發展於人道主義觀。如果我們留意過去兩千五百年來人類對知識的探求，我國儒家學說則是一種包容性人道主義。（同上，145）「包容性人道主義」如字面顯示，這個意義的人道主義強調人類作為自我轉化及轉化外在現實界的主體。當自我轉化是根基於實在，而實在的轉化也根基於人類自身時，則人類自身及實在之間也就沒有分界與分期。而這表示二者有著本質上的關聯。如何理解及解釋這樣的內在聯繫是一個形上學工作，其不僅涉及想像，也必須透過一種同時定義實在即人，而人即實在的有關聯的深層感受及經驗。從這個關聯來看，人之為主體及自然世界之為對象之間並無本質上的對立及衝突。事實上，人及自然二者相互依附於一個連續發展的整體。這個同時包含著人及自然的現實整體必須被視為一個能容許人及自然能在其中相互轉化的動態創造的轉化過程，而這也清楚地證明了這種轉化的實在性及創造性，提供了「轉化過程」所需的內在聯繫。而「禮」有著古老的淵源，關聯於祭祀的儀式，孔子強調它在人內在的根苗。（劉述先，2001：72）而孔子「義」的思想，有多麼重要。不僅在追求金錢利益要以「義」為基礎，在上位者也需要以「義」來統治或帶領黎民百姓，方可使國家或公司長治久安。而這種「義」的思想，也充分的展現在臺灣的民間信仰中。最後我國傳統中，「信」也是一個非常這重要的德性。倘若從現實界金錢遊戲來看待人付金銀紙給鬼神所希望獲得的福佑和神鬼收到金銀紙所給予的回饋，也可知兩界間彼此也都建立在「信」字上。

　　第六章談及金銀紙的審美性，主要聚焦在前現代的模象美。美感是審美主體對客觀存在美的能動的反映，是一種最常見、最普遍、最大量、最基本的社會心理現象，是審美主體在對美的事物反映中所得到的精神上的愉悅和享受。倘若從優美的美感特徵來看，可發現我們

在燒金銀紙時，會使我們的身心處於一種放鬆的狀態，肌肉會鬆弛、血脈暢快和順，會有一種如釋重負產生的輕鬆愉快的感覺。最後，從優美的審美功能來看，我們可發現燒金銀紙後，因是祭拜神明的最後一個儀式，象徵著所求的事都已經到達天聽，並相信神靈會替其完成所求事物，而使祭拜者心情舒暢，有益於身體健康。由於金銀紙被視為是陽界與靈界溝通的一種媒介，在民俗信仰中被賦予了靈異的神秘感，尤其是銀紙因使用的對象為鬼魂。因此，金銀紙被視為是一種不吉祥的物品，而使人避之唯恐不及。然而，卻又不能完全的避免使用它，每逢普渡、喪事出殯以及某些宗教儀式都可見其蹤跡。而宗教儀式的使用，更讓它充滿了神秘感，也使人對它產生敬佩的愛戴。如在臺灣早期醫學尚未萌發時，老一輩的人會尋求巫師或神靈的庇佑，以解身體病痛之苦，這種現象在現今醫學發達之際仍然存在著。倘若遇到久病不癒，或者是遇到身體的病痛為醫學技術無法檢查出來的，最終仍會去尋求神靈以解除身體的病痛；最常見的為求助乩童開符咒，並將符咒放入水中燒化成符咒水，用以治療久病不癒以及醫學技術檢查不出的病因，這種被視為充滿神秘色彩的不科學的醫術產生了令人難以置信的療效。在此例子中，因符咒水的神奇療效，使得金銀紙更顯其神秘感，因此也使人不得不發自內心的對它產生敬佩的愛戴感。從另一個角度看，人要向眾神靈祈福求平安，就必須藉由金銀紙這一媒介與神靈進行交易，或者說是人被金銀紙完全支配著，無法擺脫此媒介的驅使，這何嘗不也是種「悲壯美」呢！

再來，第七章談及金銀紙的文化透視性。在氣化觀型文化底下生成的道教思想，一切遵照「氣」的概念生成，是一泛神信仰，秉持著「萬物有靈」論的觀點。人和神鬼雖有階級的差別，但彼此是相通的，而相通的媒介便是金銀紙。而氣化觀型文化觀念系統中的道德形上學，可分為重倫常和崇自然。首先，我先就重倫常來論說。人和神是一樣的有所謂的「輩分之分以及位階高低之分」，而這種「人的輩分之分」和「神的位階高低之分」，受到儒家以及道家的道德形上學所鞏固，至今仍是不可破的。也因受這一分際的約束，造就了道教的「神」

有別於基督教的「上帝」以及佛教的「佛」而獨有它嚴謹的神界行政
組織。而這種人倫分際從民間信仰祭拜神靈後焚燒的金銀紙也可看出
端倪。要談的是氣化觀型文化底下的崇自然觀念。我國民間信仰屬泛
靈信仰，認為萬物都有靈，所以在道教信仰中有一自然崇拜的系統。
自然崇拜是縣遠流長的民間信仰，溯自上古時期，人類就相信萬物是
自然賜予的，自然的種種變化就是人類禍福的源頭。進一步與異系統
文化比較發現創造觀型文化中基督教教義所呈現的基本面貌是，我們
人一生下來就帶有原罪，而要消解原罪的唯一途徑，就是「信仰上
帝」；而緣起觀型文化的佛教教義，可發現在該教義中所呈現的是人
是帶著痛苦出生的，要解除人生在世的痛苦，需親身修行「八正道」
才能解脫人間一切苦厄，進入涅槃寂靜的世界，都不須藉助金銀紙。
因此，這也是此兩文化系統沒有金銀紙為中介的緣由。

　　最後，第八章則是將相關成果運用在語文教育中、開啟我國的宗
教教育以及宗教文化研究的新視野。將本研究融入語文教育中，涉及
到語文教學方法新趨勢中的統整性教學方法和科際整合教學方法：在
「統整性教學」方面，此教學方法所要著力的對象自然是「統整性」，
但統整性本身只是「過程義」的，它的被著力還得轉到「如何統整化」
上。所謂「統整化」，是指語文經驗在傳達上是透過統整（而非化約）
的手段。這種統整的手段，是一種新舊經驗的統合整併，務期能夠達
到最高的教學效率。（周慶華，2007a：300）而科際整合教學方面，
其所要著力的對象自然是「科際整合」，但科際整合本身也只是「過
程義」的，它的被著力還得轉為「如何科際整合」上。所謂「科際整
合」，是指語文經驗在傳達上是透過各學科整飭合夥（而非單一學科
力撐）的手段。這種科際整合的手段，是一種深廣語文經驗的交相烙
印，希冀能夠達到最好的教學效率。（同上，309～310）至於宗教教
育方面，我國與歐美國家相互比較之下是缺乏的，但今後不妨以我國
傳統宗教的信仰為基礎，奠基於語文科、社會科以及人文藝術來開展
我國的宗教教育。而要開展我國宗教教育，則不妨以金銀紙信為中
介，主要是因為我國金銀紙信仰涵括了我國宗教信仰的精隨。此外，

並以本研究為基礎提供三點宗教文化研究的新視野：（一）就金銀紙信仰本身而言，它是以泛靈信仰為前提，因靈界無肉體上的負擔，所以擁有較高強的本事。因此，它具有支配現實界的權力，因此被賦予「祈福」、「求平安」和「超渡」等三種意涵。（二）就對比異系統而言，現今我國宗教研究受西方神學的影響，因而都脫離不了西方宗教學研究的架構，唯有將我國宗教文化研究的成分換成金銀紙信仰涵蓋的金銀紙上圖像與裝飾的意涵、貨幣課題、道德倫理、審美（美學）以及文化性等層面，才能開啟我國宗教文化研究的新視野。（三）對宗教研究的終極目的而言，是要回歸氣化觀型文化的泛靈信仰所呈現出來的諧和自然的觀念。而此觀念有助於人類生存的地球環境的永續經營。

第二節　未來研究的展望

由於本研究的性質所限，加上關注的焦點在將現有貨幣課題、儒家倫理道德思想、美學、文化學和歐美國家實施宗教教育的文獻加以探討並和金銀紙課題相互連結，所以對相關學者所談的那些課題就會選擇性的納入，無法一一的深入條理歸結。換句話說，只能採局部訪談以取得可印證的材料，而不便進行全面的實證研究，也無法進入實務層面檢證其實施的成效。但有此基礎理論，仍可以「以此類推」，仍有高度的參考價值。

後續如果再有相關的研究，不妨可以在此理論基礎上，擴及到實務的層面，以檢證本研究理論的可信性。在驗證金銀紙的貨幣性及其真偽方面，由於只能找到背後靈隊為中央行政神以及地方行政神中低階級的靈媒，所以有些金銀紙的問題並沒有辦法得到正確的解答，日後倘若要進行此相關的研究，不妨試者去找到背後靈隊為高階神靈的靈媒，透過訪談的方式以利解決本研究無法解答的問題。

將本研究的成果運用在教學上，由於時空的限制，所以也只能停留在理論建構的階段，難以進行實證研究。這也有待日後，對本研究

有興趣且想開創另類教學的同好來檢證並將實務補齊。在此，提供想將本研究帶入實務檢證的同好兩個教學方向：（一）就是「統整性教學」，此教學方法所要著力的對象自然是「統整性」，但統整性本身只是「過程義」的，它的被著力還得轉到「如何統整化」上。所謂「統整化」，是指語文經驗在傳達上是透過統整（而非化約）的手段。這種統整的手段，是一種新舊經驗的統合整併，務期能夠達到最高的教學效率。它在相關課程設計的理念方面，可以涵括下列七種途徑：1.將各分立的學科相互連結一個整體；2.將幾個學科融合為一個新的整體；3.以某個非學科的主題為中心，設計一個單元，兼含數種學科內融；4.將學科教材重新選擇、排序和分羣；5.在某一段時間裏以某個主題為中心，實施跨學科的統整性工作；6.組織某些經驗及學習形態以發展個人的創造力、欣賞能力和合作能力等生活能力；7.以某個學科或經驗為核心組織材料。（詳見第八章第一節）以及（二）「科際整合教學」方法，其所要著力的對象自然是「科際整合」，但科際整合本身也只是「過程義」的，它的被著力還得轉為「如何科際整合」上。所謂「科際整合」，是指語文經驗在傳達上是透過各學科整飭合夥（而非單一學科力撐）的手段。這種科際整合的手段，是一種深廣語文經驗的交相烙印，希冀能夠達到最好的教學效率。它在踐行上，已經有所謂「多元智能」（如語文智能／邏輯數學智能／空間智能／音樂智能／身體運動智能／人際智能／內省智能／自然觀察智能或科技智能／經濟智能／社會智能／政治智能／文化智能／學習智能等等）的發掘併用（詳見第八章第一節）；但總嫌「精準度」不夠。而科際整合所以能夠成立，最重要的是相跨越的學科之間有一些彼此都具備的條件。如：1.共同的設定：相跨越的學科都有或至少必須有共同的設定；這些共同的設定是它們據以出發來收攝經驗內容的起點；2.共同的構造：不論相跨越的學科的內容或題材怎樣不同，既然都是認知的知識，一定得有些骨幹；而這些骨幹最後分析起來都是相同的。學科構造相同的模型的極致，可以是一個假設演繹式的系統；2.共同的方法：相跨越的學科各自所要處理的題材雖然各不相同，但既然同為「研

究」，在這些操作背後總有一些程序是它們不能不共同的；這些程序，一般叫做方法，相跨越的學科必須全部或至少部分地運用的；4.共同的語言：雖然相跨越的學科都有個自專用的詞彙，但彼此還有一些共同的語言，交流知識或互相兌換各自所得概念內容才有可能。（詳見第八章第一節）也不妨也將本研究的「金銀紙上圖像與裝飾的意涵」、「金銀紙的貨幣課題」、「金銀紙的倫理道德功能」以及「金銀紙的文化性透視」，和「讀書教學」、「說話教學」、「寫字較學」以及「作文教學」相互結合，以開啟我國語文教育的新紀元。而至於我國的宗教教育，則有待我國教育部以金銀紙信仰為中介並參考歐美國家宗教教育的法案與實際實施情形，來制定一套適於我國的宗教教育制度與課綱。

最後，在宗教文化方面，希冀本研究所開啟的後宗教學研究可以使臺灣能徹底擺脫現行以西方神學思維的宗教文化研究。也就是說，將臺灣的宗教學帶入後宗教學是一條必走的道路，也是目前唯一能拯救地球生態浩劫以及能保障人類在地球上永續經營的唯一途徑，希冀能有更多有地球危機意識的同好一起來開啟以金銀紙信仰為中介或是以氣化觀型文化觀念為主的宗教文化研究的新面貌。

附錄　訪談資料編碼表

代碼	資料類型	對象	時間	記錄方式	編碼
A	訪談	金銀紙業者（女，王姓，約 50 歲）	2011.2.28	錄音摘記	訪 A 摘 2011.2.28
B	訪談	法師（男，潘姓，約 40 歲，道士）	2010.10.2	錄音摘記	訪 B 摘 2010.10.2
	訪談	法師（男，潘姓，約 40 歲，道士）	2011.3.10	錄音摘記	訪 B 摘 2011.3.10
C	訪談	研究者的舅舅（男，韓姓，約 40 歲，公務員）	2011.3.12	錄音摘記	訪 C 摘 2011.3.12
D	訪談	乩童（男，林姓，約 60 歲）	2011.3.3	錄音摘記	訪 D 摘 2011.3.3

參考文獻

大　喬（2008），《圖書中國祈福神》，北京：中國社會科學。

王　充（1978），《論衡》，新編諸子集成本，臺北：世界。

王謨輯（1988），《增訂漢魏叢書》，臺北：大化。

王乙芳（2010），《燒香拜好佛──臺灣的祭祀文化與節慶禮俗》，臺北：臺灣書房。

王世德主編（1987），《美學辭典》，臺北：木鐸。

王海山主編（1998），《科學方法百科》，臺北：恩楷。

王為國（2006），《多元智能教育理論與實務》，臺北：心理。

王夢鷗（1976），《文藝美學》，臺北：遠行。

方立天（1994），《佛教哲學》，臺北：洪葉。

木村泰賢（1993），《原始佛教思想論》（歐陽瀚存譯），臺北：商務。

中國教育學會主編（2000），《跨世紀教育的回顧與前瞻》，臺北：揚智。

中華民國課程與教學學會主編（1999），《九年一貫課程之展望》，臺北：揚智。

仇德哉（1985），《臺灣廟神傳》，臺北：信通。

文崇一（1989），《中國人的價值》，臺北：東大。

卞鳳奎紀錄（1995），〈臺北市香燭金銀紙業座談會紀錄〉，《臺北文獻直字》第 112 期，1～12，臺北：臺北市文獻委員會。

田奈青（1999），《多原智慧理論》，臺北：世紀領袖教育。

孔穎達（1982a），《周易正義》，十三經注疏本，臺北：藝文。

孔穎達（1982b），《左傳正義》，十三經注疏本，臺北：藝文。

江　波等編（2001），《中國古錢幣真偽鑑定》，臺北：國家。

古　原（1994），〈風吹曠野紙錢飛──清明掃墓習俗的沿革〉，《歷史月刊》第 75 期，132～133，臺北：歷史智庫。

史美舍（N. J. Smelser）（1991），《社會學》（陳光中等譯），臺北：桂冠。

史密斯（P. Smith）（2004），《文化理論的面貌》（林宗德譯），臺北：韋伯。

史德曼（S. Seidman）等編（1997），《文化與社會》（古佳艷等譯），臺北：立緒。

史特勞斯（Anselm Strauss）等（1997），《質性研究概論》（徐宗國譯），臺北：巨流。

比梅爾（W. Biemel）等（1987），《美學的思索》（未著譯者姓名），臺北：谷風。

白雲觀長春真人編纂（1956b），《黃帝內經素問》，《正統道藏》第 35 冊，臺北：新文豐。

布魯格（W. Brugger）編著（1989），《西洋哲學辭典》（項退結編譯），臺北：華香園。

布魯克（P. Brooke）（2003），《文化理論詞彙》（王志弘等譯），臺北：巨流。

牟宗三（1970），《生命的學問》，臺北：學生。

朱維之主編（1992），《希伯來文化》，臺北：淑馨。

伍志學主編（1995‧4），《哲學雜誌》第 12 期，臺北：業強。

全佛編輯部主編（2001），《佛教的蓮花》，臺北：全佛。

成中英（2005），《合外內之道：儒家哲學論》，臺北：康德。

自由電子報（2006），〈冥錢也鬧偽鈔？！金紙侵權？店舖不起訴〉，網址：http://www.libertytimes.com.tw/2006/new/dec/12/today-so3.htm，點閱日期：2010.10.18。

百度百科（2010），〈龍〉，網址：http://baike.baidu.com/view/24858.htm，點閱日期：2010.12.18。

池振南（2010），《鈔票上的中國近代史》，香港：太平。

多湖輝（1994），《透視金錢本色》，臺北：萬象。

任繼愈主編（1998），《宗教大辭典》，上海：上海辭書。

李丁文（2006），〈從「鬼月」談「拜牲禮及燒金紙」之意義〉，《主計月刊》第 607 期，97～103，臺北：財團法人中國主計協進會。

李亦園（1986），《信仰與文化》，臺北：巨流。

李英明（1989），《科學社會學》，臺北：桂冠。

李咏吟（1998），《認知教學：理論與策略》，臺北：心理。

李明輝（1991），《儒學與現代意識》，臺北：文津。

李義德（2007），《錢幣革命之研究》，臺北：樂韻。

李榮謙（2003），《貨幣金融學概論》，臺北：智勝。

李澤厚（1996），《美學論集》，臺北：三民。

貝厄恩（J.A.Beane）（2000），《課程統整》（單文經等譯），臺北：學富。

坎　伯（L.Campbell）等（1999），《多元智慧的教與學》（郭俊賢等譯），臺北：遠流。

余森林（2010），〈舊臺幣（四萬元）換新臺幣（一元）對臺灣經濟的影響〉，網址：http://www.tpa.gov.tw/upfile/www/Pdf/%E8%AB%96%E6%96%87%

E9%9B%86/%E6%B0%91%E4%B8%BB%E7%9A%84%E8%88%88%E8
%B5%B7%E8%88%87%E8%AE%8A%E9%81%B7/t9.pdf，點閱日期：
2011.04.01。

呂　澂（1985），《中國佛學源流略講》，臺北：里仁。

呂大吉主編（1993），《宗教學通論》，臺北：博遠。

沈清松（1986a），《解除世界魔咒──科技對文化的衝擊與展望》，臺北：
時報。

沈清松（1986b），《現代哲學論衡》，臺北：黎明。

沈清松編（1993），《中國人的價值觀──人文學觀點》，臺北：桂冠。

林火旺（1999），《倫理學》，臺北：五南。

林進源（2005），《臺灣民間信仰神明大圖鑑》，臺北：進源。

林耀堂（2000），〈金紙、銀紙──常民美術對現代版畫的影響〉，《傳統藝術》
第 10 期，27～29，宜蘭：國立傳統藝術中心。

馬昌儀（1999），《中國靈魂信仰》，臺北：雲龍。

金正耀（1994），《道教與科學》，臺北：曉園。

金紙簡介（2010），《金紙》，網址：http://www.yeh.com.tw/htm/service/paper/
10use.htm，點閱日期：2010.05.16。

金銀紙的種類（2010），《種類》，網址：http://library.taiwanschoolnet.org/
cyberfair2007/maioli/story_03.htm，點閱日期：2010.04.12。

周慶華（1996），《臺灣當代文學理論》，臺北：揚智。

周慶華（1997），《佛學新視野》，臺北：東大。

周慶華（1999a），《新時代的宗教》，臺北：揚智。

周慶華（1999b），《佛教與文學的系譜》，臺北：里仁。

周慶華（1999c），《思維與寫作》，臺北：五南。

周慶華（2001），《後宗教學》，臺北：五南。

周慶華（2004），《語文研究法》，臺北：洪葉。

周慶華（2006），《靈異學》，臺北：洪葉。

周慶華（2007a），《語文教學方法》，臺北：里仁。

周慶華（2007b），《走訪哲學後花園》，臺北：三民。

周慶華（2008a），《轉傳統為新開──另眼看待漢文化》，臺北：秀威。

周慶華（2008b），《從通識教育到語文教育》，臺北：秀威。

周慶華主編（2009），《語文與語文教育的展望》，臺北：秀威。

美少女天使空行母俱樂部（2010），〈天官八路財神〉，網址：http://tw.myblog.
yahoo.com/jw!4_ltTWaFGRlZDPIlaXb6ln4-/article?mid=7838，點閱日
期：2010.12.18。

帕帕司（C.C.Pappas）（2003），《統整式語文教學的理論與實務：行動研究取向》（林佩蓉等譯），臺北：心理。

阿德勒（M.J.Alder）（1986），《六大觀念》（劉遐齡譯），臺北：國立編譯館。

侯家駒（1983），《先秦儒家自由經濟思想》，臺北：聯經。

侯錦郎（1991a），〈從考古、歷史及文學看祭祀用紙錢的源流與遞變〉，《民俗曲藝》第 72、73 期，14～46，臺北：財團法人施合鄭民俗文化基金會。

侯錦郎（1991b），〈臺灣常見的祭祀用紙錢〉，《民俗曲藝》第 81 期，11～41，臺北：財團法人施合鄭民俗文化基金會。

施晶琳（2004），《臺南市金銀紙錢文化之研究》，國立臺南大學臺灣文化研究所碩士班論文，未出版，臺南。

施晶琳（2005），〈臺南漢人之信仰象徵媒介物──紙錢〉，《民俗曲藝》第 149 期，175～213，臺北：財團法人施合鄭民俗文化基金會。

施晶琳（2006），〈臺南市金銀紙業與金銀紙錢之種類〉，《民俗與文化》第 2 期，109～143，臺北：博陽。

胡幼慧主編（2008），《質性研究：理論、方法及本土女性研究實例》，臺北：巨流。

唐圭璋編（1973），《全宋詞》，臺北：文光。

殷海光（1979），《中國文化的展望》，臺北：活泉。

涂爾幹（E.Durkheim）（1988），《社會學研究方法論》（胡偉譯），北京：華夏。

涂爾幹（E.Durkheim）（1992），《宗教生活的基本形式》（芮傳明等譯），臺北：桂冠。

高　誘（1978a），《淮南子注》，新編諸子集成本，臺北：世界。

高　誘（1978b），《呂氏春秋注》，新編朱子集成本，臺北：世界。

高資敏（1994），〈該是不再燒冥紙的時代了！〉，《新觀念》第 63 期，144～145，臺北：新觀念。

高級中學課程標準暨綱要──中等教師資訊網（2010），〈國文課程綱要〉，網址：http://www.edu.tw/hi gh-school/content.aspx?site_content_sn=8403，點閱日期：2011.05.20。

索非亞（2010），〈好兄弟普渡大暴走〉，《蘋果日報》E9 版，2010.08.20。

康　德（1986），《判斷力批判》（宗白華等譯），臺北：滄浪。

康鍩錫（2007），《中國古建築裝飾圖鑑》，臺北：貓頭鷹。

陳　黎等譯著（2005），《致羞怯的情人：400 年英語情詩名作選》，臺北：九歌。

陳木金（1999），〈美感教育的理念與詮釋之研究〉，《「全人教育與美感教育詮釋與對話研討會」學術研討會論文集》，臺北：國立臺灣藝術學院。

陳壬癸（1981），〈談臺灣民俗——燒金銀紙〉，《臺灣文獻》第 32 期第 1 卷，158～162，南投：臺灣省文獻委員會。

陳秉璋等（1988），《道德社會學》，臺北：桂冠。

陳秉璋（1990），《道德規範與倫理價值》，臺北：國家政策資料研究中心。

陳迪華（2002），〈紙錢〉，《卑南文化》第 5 期，28～35，臺北：泉南。

荷曼斯（G.C.HOmas）（1987），《社會科學的本質》（楊念祖譯），臺北：桂冠。

郭蒂尼（R.Guardin）（1984），《信仰的生命》（林啟藩等譯），臺北：聯經。

郭彥崗（1994），《中國歷代貨幣》，臺北：商務。

麥克奈爾（D.McNeill）（2004），《臉》（黃中憲譯），臺北：藍鯨。

張　珣等（2006），《臺灣本土宗教研究：結構與變異》，臺北：南天。

張　綏（1996），《中世紀基督教會史》，臺北：淑馨。

張　灝（1989），《幽暗意識與民主傳統》，臺北：聯經。

張世忠（2001），《教學原理——統整與應用》，臺北：五南。

張振東（1993），《西洋哲學導論》，臺北：學生。

張益銘（2006），《金銀紙的秘密》，臺中：晨星。

張捷夫（1995），《中國喪葬史》，臺北：文津。

張澤洪（2003），《道教神仙信仰與祭祀儀式》，臺北：文津。

張懿仁（1996），《金銀紙藝術》，苗栗：苗栗縣政府。

國教社群網（2010），《課程綱要》，網址：http://140.117.12.91/，點閱日期：2010.04.16。

國立科學工藝博物館（2010），〈中華科技——雕版印刷〉，網址：http://epaper.nstm.gov.tw/chinascience/F/f-index.html，點閱日期：2011.04.02。

祭祀禮儀（2010），〈金銀紙〉網址 http://temple.lujou.com.tw/web/p04-01sacrifice-02.html，點閱日期：2010.04.12。

崔　默（W. C. Tremmel）著（2000），《宗教學導論》（賴妙淨譯），臺北：桂冠。

琳　姬（2003），《媽祖姬》，臺中：瑞成。

黑格爾（1981）（G.W.F.Hegel），《美學（二）》（朱孟實譯），臺北：里仁。

傅偉勳（1990），《從創造的詮釋學到大乘佛學——「哲學與宗教」四級》，臺北：東大。

傅偉勳（1995），《佛教思想的現代初探》，臺北：東大。

湯一介主編（1994），《中國宗教：過去與現在》，臺北：淑馨。

雷夫金（J.Rifkin）（1988），《能趨疲：新世界觀——二十一世紀人類文明的新曙光》（蔡伸章譯），臺北：志文。

黃公偉（1989），《佛學原理通釋》，臺北：新文豐。

黃金財（2008），〈人間造紙錢　鬼神有錢花〉，《源雜誌》第 72 期，69～73，臺北。

黃建中（1990），《比較倫理學》，臺北：正中。

黃俊傑編譯（1984），《史學方法論叢》，臺北：學生。

黃俊傑等主編（1999），《臺灣的文化發展：世紀之交的省思》，臺北：臺灣大學。

黃紹倫（1992），《中國宗教倫理與現代化》，臺北：商務。

黃澤新（1993），《中國的鬼文化》，臺北：博遠。

黃慧英（1988），《後設倫理學之基本問題》，臺北：東大。

虛擬神宮（2010），《金銀紙種類》，網址：http://www.twv.com.tw/vzar/r002.htm，點閱日期：2010.04.12。

葉　朗（1993），《現代美學體系》，臺北：書林。

溫公頤（1983），《哲學概論》，臺北：商務。

曾仰如（1993），《宗教哲學》，臺北：商務。

董芳苑（1996），《探討臺灣民間信仰》，臺北：常民。

董芳苑（2008），《臺灣人的神明》，臺北：前衛。

道　者（2009），《好神，拜出好運氣》，臺北：采竹。

道教月刊編輯部（2008），〈金紙與臺灣常民生活息息相關〉，《道教月刊》第 33 期，14～15，臺北：樓觀臺。

道教全球資訊網（2010），網址：http://www.twtaoism.net/index.php，點閱日期：2010.04.12。

楊國樞編（1994），《中國人的價值觀——社會科學觀點》，臺北：東華。

楊偵琴（2004），《「紙馬」（金銀紙）圖像之研究——納天地神靈於方寸之間的民俗藝術》，國立彰化師範大學藝術教育研究所碩士班論文，未出版，彰化。

楊偵琴（2007），《飛天紙馬：金銀紙的民俗故事與信仰》，臺北：臺灣書房。

楊評凱（2010），〈金銀紙信仰的密辛〉，周慶華主編，《流行語文與語文教學整合的新視野》，145，臺北：秀威。

廖春文主編（2002），《九年一貫新興議題——主題統整課程設計實務》，臺北：師大書苑。

達達基滋（W.Tatarkiewicz）（1989），《西洋六大美學理念史》（劉文潭譯），臺北：聯經。

嘉　納（H.Gardner）（2007），《心智解構：發現你的天才》（莊安祺譯），臺北：時報。

鄔昆如（2003），《倫理學》，臺北：五南。

詹德隆（2002），《宗教教育：理論、現況與前瞻》，臺北：五南。

業露華（1999），《中國佛教百科叢書：教義卷》，臺北：佛光。

趙有聲（1991），《生死・享樂・自由——道家和道教的關係及人生理想》，臺北：雲龍。

趙博雅（1990），《知識論》，臺北：幼獅。

蒲慕州編（2005），《鬼魅神魔——中國通俗文化側寫》，臺北：麥田。

毅　振（2005），〈鄉土光影——金銀紙〉，《臺灣月刊》第274期，52～55，臺北：臺灣月刊社。

鄭志明（1990），《臺灣的宗教與秘密教派》，臺北：臺原。

鄭燕祥（2006），《教育範式轉變：效能保證》，臺北：高等教育。

樂　峯等（1991），《基督教知識百問》，高雄：佛光。

劉仲宇（1997），《道教的內秘世界》，臺北：文津。

閻　韜（1994），《孔子與儒家》，臺北：商務。

劉君燦（1986），《不以規矩不能成方圓》，臺北：東大。

劉述先（2001），《全球倫理與宗教對話》，臺北：立緒。

蔡英俊（1986），《比興物色與情景交融》，臺北：大安。

潘淑滿（2009），《質性研究：理論與應用》，臺北：心理。

維基百科（2010），〈龍〉，網址：http://zh.wikipedia.org/zh-tw/%E9%BE%99，點閱日期：2010.12.18。

蔣伯潛（1989），《廣解四書》，臺北：東華。

歐陽周等（1993），《美學新編》，杭州：浙江大學。

賴亞生（1993），《神秘的鬼魂世界》，北京：人民中國。

賴宗煒（2007），《紙錢在臺灣道教過關渡限儀式中之象徵意義及功能》，私立南華大學宗教學研究所碩士班論文，未出版，嘉義。

賴賢宗（2003），《意境美學與詮釋學》，臺北：史博館。

盧勝彥（2004a），《靈與我之間——親身經歷的靈魂之奇》，桃園：大燈。

盧勝彥（2004b），《靈魂的超覺——八次元空間感應》，桃園：大燈。

魏斯曼（T.Wiseman）（1992），《金錢與人生》（鄭秋水譯），臺北：遠流。

魏勒福特（J. Weatherf Ord）（1998），《金錢簡史・揭開人性與慾望交纏的神話》（楊月蓀譯），臺北：商周。

瞿海源主持（1995），《宗教教育之國際比較及政策研究》，臺北：教育部。

藍吉富等主編（1993），《敬天與親人——中國文化新論・宗教禮俗篇》，臺北：聯經。

蕭全政主編（1990），《文化與倫理》，臺北：國家政策研究資料中心。

蕭登福（1995），《道教與佛教》，臺北：東大。

龐志明（2004），〈兼顧人情味與環保——請支持及中焚燒金銀紙錢活動〉，《心鏡宗教季刊》第 1 期（創刊號），10～12，臺北：臺北市政府民政局。

釋依瑞（1999），《火焰化紅蓮：大悲觀世音》，臺北：佛光。

霧滿攔江（2010），《錢的故事》，臺北：海鴿。

龔鵬程（1986），《詩史本色與妙悟》，臺北：學生。

龔鵬程（1998），《道教新論（二集）》，嘉義：南華管理學院。

靈符燒化江河海毫光顯現照天開一道靈符鎮乾坤千妖萬邪不敢進吾壇門（2010），〈法印及作用〉，網址：http://tw.myblog.yahoo.com/jw!5T3KTDWaCh0_SuA9Yvmdyxb9bQ9HJE4-/article?mid=7917，點閱日期：2010.12.19。

哲學宗教類　PA0045　東大學術 33

金銀紙的秘辛

作　　者 / 楊評凱
責任編輯 / 陳佳怡
圖文排版 / 陳宛鈴
封面設計 / 陳佩蓉

發 行 人 / 宋政坤
法律顧問 / 毛國樑　律師
出版發行 / 秀威資訊科技股份有限公司
　　　　　114 台北市內湖區瑞光路 76 巷 65 號 1 樓
　　　　　電話：+886-2-2796-3638　傳真：+886-2-2796-1377
　　　　　http://www.showwe.com.tw
劃撥帳號 / 19563868　戶名：秀威資訊科技股份有限公司
　　　　　讀者服務信箱：service@showwe.com.tw
展售門市 / 國家書店（松江門市）
　　　　　104 台北市中山區松江路 209 號 1 樓
　　　　　電話：+886-2-2518-0207　傳真：+886-2-2518-0778
網路訂購 / 秀威網路書店：http://www.bodbooks.com.tw
　　　　　國家網路書店：http://www.govbooks.com.tw

2011 年 11 月 BOD 一版
定價：240 元

國家圖書館出版品預行編目

金銀紙的秘辛 / 楊評凱著. -- 一版. -- 臺北市：
秀威資訊科技, 2011.11
　　面 ;　　公分. -- (哲學宗教類 ; PA0045)
(東大學術 ; 33)
BOD 版
ISBN 978-986-221-843-3(平裝)

1. 紙錢　2. 宗教道德　3. 宗教教育

213.3　　　　　　　　　　　　　　100018533

讀者回函卡

感謝您購買本書，為提升服務品質，請填妥以下資料，將讀者回函卡直接寄回或傳真本公司，收到您的寶貴意見後，我們會收藏記錄及檢討，謝謝！如您需要了解本公司最新出版書目、購書優惠或企劃活動，歡迎您上網查詢或下載相關資料：http:// www.showwe.com.tw

您購買的書名：＿＿＿＿＿＿＿＿＿＿＿＿＿＿＿＿＿＿＿＿＿＿

出生日期：＿＿＿＿＿年＿＿＿＿＿月＿＿＿＿＿日

學歷：□高中 (含) 以下　　□大專　　□研究所 (含) 以上

職業：□製造業　□金融業　□資訊業　□軍警　□傳播業　□自由業
　　　□服務業　□公務員　□教職　　□學生　□家管　　□其它＿＿＿＿

購書地點：□網路書店　□實體書店　□書展　□郵購　□贈閱　□其他

您從何得知本書的消息？

　□網路書店　□實體書店　□網路搜尋　□電子報　□書訊　□雜誌

　□傳播媒體　□親友推薦　□網站推薦　□部落格　□其他＿＿＿＿＿＿

您對本書的評價：(請填代號　1.非常滿意　2.滿意　3.尚可　4.再改進)

　封面設計＿＿＿　版面編排＿＿＿　內容＿＿＿　文／譯筆＿＿＿　價格＿＿＿

讀完書後您覺得：

　□很有收穫　□有收穫　□收穫不多　□沒收穫

對我們的建議：＿＿＿＿＿＿＿＿＿＿＿＿＿＿＿＿＿＿＿＿＿＿＿

＿＿＿＿＿＿＿＿＿＿＿＿＿＿＿＿＿＿＿＿＿＿＿＿＿＿＿＿＿＿

＿＿＿＿＿＿＿＿＿＿＿＿＿＿＿＿＿＿＿＿＿＿＿＿＿＿＿＿＿＿

＿＿＿＿＿＿＿＿＿＿＿＿＿＿＿＿＿＿＿＿＿＿＿＿＿＿＿＿＿＿

11466
台北市內湖區瑞光路 76 巷 65 號 1 樓

秀威資訊科技股份有限公司　　　收

BOD 數位出版事業部

⋯⋯⋯⋯⋯⋯⋯⋯⋯⋯⋯⋯⋯⋯⋯⋯⋯⋯⋯⋯⋯⋯⋯⋯⋯⋯⋯⋯⋯

（請沿線對折寄回，謝謝！）

姓　　名：＿＿＿＿＿＿＿＿　年齡：＿＿＿＿　性別：□女　□男

郵遞區號：□□□□□

地　　址：＿＿＿＿＿＿＿＿＿＿＿＿＿＿＿＿＿＿＿＿＿＿＿＿

聯絡電話：(日) ＿＿＿＿＿＿＿＿＿＿　(夜) ＿＿＿＿＿＿＿＿＿＿

E-mail：＿＿＿＿＿＿＿＿＿＿＿＿＿＿＿＿＿＿＿＿＿＿＿＿